Laudă pentru
KINGDOM BUILDERS

Andrew este genul acela de persoană cu care poţi zbura până pe Lună şi înapoi. Nu din cauza capacităţii sale financiare, ci a hotărârii şi determinării sale, consecvenţei şi atenţiei, şi a abilităţii sale de a visa, a gândi şi a juca în stil mare. Poţi să vezi unde e inima lui Andrew pentru biserica noastră, de la locul unde îl găseşti în biserică, până la locul pe care şi l-a găsit în viziunea bisericii. Ai o întâlnire cu Andrew de 30 de minute şi te încarci cu combustibil pentru 30 de luni. Am fost suficient de norocos să îl întâlnesc pe un şantier, apoi am avut privilegiul de a ieşi la o cafea cu el, urmată de onoarea de a-i traduce cartea, iar acum... lucruri minunate urmează să se întâmple! Cred cu tărie că biserica din România are nevoie de oameni ca Andrew. Citeşte cartea şi ai să înţelegi de ce.

— **Daniel & Ioana Pop,** Pastori,
Absolvenţi ai Colegiului Hillsong

În sfârşit, Andrew a pus într-o carte inima şi pasiunea sa pentru biserica locală şi bunăstarea ei financiară. Îl cunosc pe Andrew de 15 ani şi în tot acest timp am văzut inima şi pasiunea lui ca un om de familie, un om de afaceri perspicace, un dăruitor generos pentru Împărăţie, şi un om care îi inspiră pe alţii. Pasiunea lui pentru finanţarea Împărăţiei este contagioasă şi el a adăugat valoare bisericilor din lume prin exemplul său, învăţăturile şi revelaţia sa personală.

— **André & Wilma Olivier,** Pastori Seniori,
Rivers Church Africa de Sud

Am avut plăcerea de a-l cunoaşte pe Andrew şi familia sa de 20 de ani şi am avut mereu o mare admiraţie pentru faptul că toată familia lor are inimă mare pentru avansarea Împărăţiei, inclusiv in domeniul finanţelor. Ca pastori locali, l-am văzut pe Andrew slujind în diferite situaţii. Fie că a fost într-un rol principal sau prin sesiuni unu-la-unu de instruire, Andrew a fost o parte vitală pe parcursul anilor în zidirea bisericii noastre. Abia aştept să pun această carte în mâinile a cât mai multor oameni pentru că ştiu că îi va ajuta să aibă succes în toate domeniile vieţilor lor, ceea ce reprezintă dorinţa inimii lui Andrew.

— **Thomas & Katherine Hansen,** Pastori Regionali,
Hillsong Church Denmark & Malmö

El e ce trebuie. Andrew e încercat şi găsit adevărat. Cunoscându-l de ani de zile, am văzut şi experimentat dragostea lui pentru Dumnezeu, dragostea lui pentru familia sa şi misiunea lui neclintită de a finanţa şi construi Împărăţia lui Dumnezeu prin biserica locală. Citeşte, analizează şi aplică ceea ce e scris aici; vei creşte şi vei deveni o persoană mai bună.

— **Mark & Leigh Ramsey,** Pastori Seniori,
Citipointe Church

Andrew a fost o imensă binecuvântare pentru biserica noastră. Ca membru de durată şi credincios al bisericii Hillsong, el poartă în sine o perspectivă profundă, motivaţională şi liberatoare despre ce înseamnă asocierea ca Kingdom Builder cu un pastor. Sunt entuziasmat de această carte.

— **Kevin & Sheila Gerald,** Pastori Seniori,
Champions Centre Seattle

L-am cunoscut pe Andrew de mulți ani și l-am văzut, la un nivel personal, trăind viața despre care îi învață pe alții cu pasiune. Acolo unde Dumnezeu, familia și cariera înfloresc în jurul scopului pe care el l-a găsit în zidirea bisericii locale. De fiecare dată când a venit la noi în Suedia, a adus o revelație majoră bisericii noastre în ce privește administrarea și cum să construiești o viață cu scop, fie că a fost pe scenă sau prin nenumăratele discuții unu-la-unu cu oameni. Această carte te va ajuta în nenumărate moduri.

— Andreas & Lina Nielsen, Pastori Regionali,
Hillsong Church Sweden

L-am cunoscut pe Andrew Denton de mulți ani și am văzut cum viața lui s-a dezvoltat ca Kingdom Builder. El trăiește mesajul acestei cărți. Dedicarea lui față de familia sa, de biserică, afacerea lui și față de Împărăție e un model pentru noi să trăim în așa fel încât moștenirea noastră să dăinuie mult după noi.

— Lee & Laura Domingue,
Autor al *Pearls of the King* și Fondatori ai Kingdom Builders US

Am avut onoarea de a-l cunoaște pe Andrew pentru mulți ani. Alături de soția sa, Susan, Andrew trăiește cu o pasiune neobosită pentru Împărăție, demonstrată în nenumărate moduri, în special prin darul lor spiritual de dărnicie. Cartea lui Andrew te va inspira și echipa să trăiești și să construiești acum pentru eternitate.

— Paul & Maree DeJong, Pastori Seniori,
LifeNZ Noua Zeelandă

A fost un adevărat privilegiu să îl cunosc pe Andrew Denton pe parcursul a multor ani și să am șansa să văd roadele vieții sale ca soț și tată, precum și prezbiter în biserica noastră. Credința lui în ceea ce poate Dumnezeu să facă, pasiunea lui pentru biserică și vulnerabilitatea lui în a împărtăși din viața sa personală, au fost binecuvântări extraordinare fie în discuții personale sau în față la mulțimi. Știu că autenticitatea a ceea ce este scris pe aceste pagini va influența cu adevărat oamenii și va aduce roade de necrezut în viețile lor.

— **Chrishan & Danielle Jeyaratnam,** Pastori de Campus,
Hillsong Church Perth

Andrew Denton e unul dintre cei mai de calitate bărbați pe care i-am cunoscut. Este cu adevărat inspirator de fiecare dată când aud despre începuturile lui umile ca instalator până la dezvoltatorul de succes care este astăzi. Alături de soția sa, Susan, călătoria lui Andrew comunică hotărâre, determinare, credincioșie și generozitate sacrificatoare. În spatele poveștii lui Andrew se află ascultarea lui de Dumnezeu și asta este ceea ce îl trimite în jurul lumii pentru a echipa și încuraja oamenii să descopere și să împlinească potențialul lor dat de Dumnezeu. Oamenii noștri și biserica sunt mai buni datorită investiției sale și au fost provocați să fie credincioși când au puțin, de încredere când au mai mult și să contribuie la zidirea Împărăției.

— **Mike & Lisa Kai,** Pastori Seniori,
Inspire Church Hawaii

Cel mai probabil, Andrew este unul din cei mai inspiratori oameni pe care i-am cunoscut. Totul în viaţa lui vorbeşte despre autenticitate şi despre a-i ajuta pe alţi oameni să viseze la o viaţă trăită la nivelul potenţialului lor. Când mă gândesc la succes, nu este vorba doar despre finanţe şi status, ci despre imaginea întreagă: Dumnezeu, familie, prieteni, iubire şi moştenire. Pentru mine, acesta este Andrew Denton. Viaţa şi povestea lui sunt o călătorie a credinţei, a libertăţii, şi a trăirii unei vieţi mai mari, dincolo de sine, utilizând ceea ce se află în mâna sa pentru a-i binecuvânta pe alţii şi Împărăţia lui Dumnezeu.

— **Brenden & Jacqui Brown,** Pastori de Campus,
Hillsong Church San Francisco

O întâlnire cu Andrew Denton îţi va schimba viaţa aşa cum a schimbat-o şi pe a mea. Andrew aduce atât de mult adevăr, înţelepciune şi autoritate când vine vorba de viaţa reală în lumea de afaceri. Ce privilegiu să învăţăm de la cineva care trăieşte o viaţă mare, plină de scop, bazată pe o relaţie personală cu Isus.

— **Berend & Esther te Voortwis,** CEO, crowdbutching.com

Sunt mulţumitor că Dumnezeu mi-a îngăduit să îl cunosc pe Andrew Denton. Ca oameni de afaceri, suntem foarte buni la a ne concentra pe ceea CE facem si CUM facem, dar, de multe ori, uităm DE CE facem ceea ce facem. Mesajul lui Andrew de a ne conduce vieţile şi afacerile pe baza principiilor Împărăţiei, dar şi mai important – pentru scopurile Împărăţiei – mi-a schimbat perspectiva asupra lui Dumnezeu şi mi-a dăruit chemarea de a fi un om de afaceri.

— **David & Maren Reme,** CEO, Reme Holdings AS Norvegia

KINGDOM BUILDERS

CUM SĂ TRĂIEȘTI O VIAȚĂ

COMPLET DEDICATĂ

CARE TRANSFORMĂ VIZIUNEA ÎN REALITATE

Andrew Denton

Cuvânt Înainte de Brian Houston

Prima tipărire în 2020
Înregistrată și Disponibilă în Publicațiile

ISBN 978-1-922411-25-9 (carte cu copertă broșată)
ISBN 978-1-922411-26-6 (ebook)

Copertă & design interior: Felix Molonfalean
Fotografie copertă: Tony Irving
Traducere în Limba Română: Daniel & Ioana Pop

Pentru Susan — *tu eşti cu adevărat un dar de la Dumnezeu şi originalul Kingdom Builder din viaţa mea. Această carte a fost posibilă doar datorită dragostei, credinţei şi încrederii tale. Mulţumesc că ai spus „da" acestui Australian mare şi urât.*

Pentru copiii mei — *sunteţi binecuvântaţi pentru a fi o binecuvântare. Ştiu că ştiţi asta şi rugăciunea mea pentru voi e să fiţi mereu cap, nu coadă. Păstraţi-vă credinţa, rămâneţi pe cale şi să ştiţi că mama voastră şi cu mine vă iubim.*

Pentru Kingdom Builders din lumea întreagă — *mergeţi mai departe. Continuaţi să slujiţi. Continuaţi să iubiţi. Continuaţi să conduceţi. Şi rămâneţi "neofensabili."*

„Doamne Tată, mă rog astăzi: voia Ta să se facă. Tu ai promis că mă vei călăuzi. Ajută-mă să iau decizii înțelepte. Și dă-mi favoare în fața oamenilor. Amin"

CUPRINS

Cuvânt Înainte de

___

BRIAN HOUSTON

Andrew Denton este genul acela de om pe care fiecare pastor şi-l doreşte în biserica sa.

Este îndrăzneţ. Este onest. Este de încredere. Are autoritate spirituală. Este un soţ, tată şi bunic bun. Şi spune tuturor că nu este un pastor, dar îi pasă de oameni şi se dedică la fel de mult, sau poate chiar mai mult, decât orice pastor pe care eu îl cunosc.

Îmi aduc şi acum aminte cum stătea în faţa mea la o cafea, în timpul unei conferinţe Hillsong, când mi-a mărturisit că simte „chemarea" de a merge şi ridica Kingdom Builders pe tot pământul. A simţit că trebuie să îşi împărtăşească povestea şi să lase ca aceasta să îi inspire pe alţii să facă la fel. Nu se regăsea nici un fel de ambiţie în vocea sa. Nu încerca să îşi construiască o platformă pentru sine însuşi sau să îşi facă un nume. Pur şi simplu el îşi dorea ca alţii să poată experimenta aceeaşi binecuvântare pe care el a experimentat-o prin ascultarea de Cristos.

Când stau şi mă gândesc la toţi bărbaţii, femeile şi familiile din biserica noastră care sunt Kingdom Builders, cuvântul care îmi vine în minte este CREDINCIOŞIE. Oameni care, la fel ca Andrew, recunosc credincioşia lui Dumnezeu în vieţile lor şi care îndeplinesc cu credincioşie chemarea Lui de a ne iubi aproapele, de a purta de grijă celor săraci şi de a duce până la marginile pământului vestea bună a Evangheliei lui Isus Cristos.

Kingdom Builders din biserica noastră au făcut sacrificii personale semnificative ca viziunea şi misiunea bisericii noastre să poată face mari progrese şi nu ştiu unde am fi fără ei. Ei cresc şi îşi extind capacitatea. Ei cred că vieţile lor joacă un rol semnificativ în zidirea a ceea ce Dumnezeu Însuşi construieşte – Biserica Sa. Mântuirile pe care le vedem săptămânal sunt şi roadele lor – roade aduse din dorinţa de a face Hillsong – locul unde ei sunt plantaţi – ACASĂ şi pentru alţii.

Cred că fiecare pastor are nevoie de un grup de bază format din bărbaţi şi femei ca aceştia. Oameni care iubesc casa lui Dumnezeu. Oameni care sunt dedicaţi să devină parte din viziunea locului unde sunt plantaţi, hotărâţi să aibă încredere, să susţină conducerea bisericii şi dedicaţi să administreze cu evlavie ceea ce le-a fost încredinţat.

Nu pot să te încurajez suficient de mult să iei aminte la mesajul şi principiile pe care le prezintă Andrew. Dacă eşti pastor, roagă-te ca Dumnezeu să aducă Kingdom Builders în jurul tău care să te ajute să duci viziunea mai departe, dându-I lui Dumnezeu toată gloria. Dacă deţii o afacere, dacă eşti casnică, un tânăr care acum începe facultatea, sau în orice sezon te-ai afla, mă rog ca Dumnezeu să îţi vorbească personal despre rolul pe care tu îl poți avea, locul unde El vrea să te ducă și modul în care El dorește să folosească viața ta pentru a-i sluji pe cei din jurul tău.

Trupul lui Cristos este plin de bărbați și femei inovatori care fac o diferență și recunosc că Kingdom Builders sunt constructorii bisericii; ei recunosc că viețile lor sunt despre mult mai mult decât ei înșiși; ei sunt bărbați și femei care au o revelație a SCOPULUI și CAUZEI pentru care trăiesc. Sper că și tu vei primi această revelație...

> „Iubiți-L pe DOMNUL toți sfinții Lui, căci DOMNUL păzește pe cei credincioși..."
> (Psalmul 31:23)

Domnul să te binecuvânteze pe tine și familia ta.

— **Brian Houston**
Fondator Global și Pastor Senior, Hillsong Church
Autor al Bestsellerului *Live, Love, Lead*

Un sfat frăţesc din partea lui

———

PHILL DENTON

Cele mai timpurii amintiri pe care le am despre fratele meu mai mare, Andrew, se rezumă la două lucruri: întotdeauna muncea şi avea barbă.

Aveam 10 ani când el s-a mutat de acasă, 27 când am început să facem afaceri împreună, şi 20 de ani mai târziu nu îmi pot imagina să lucrez alături de altcineva. Sau să fac orice altceva în viaţă.

Amândoi am fost binecuvântaţi de-a lungul anilor şi am căutat să fim o binecuvântare pentru alţii.

Această carte este povestea lui Andrew. De-a lungul timpului, am fost lângă el, umăr la umăr, şi am fost martor la binecuvântarea lui Dumnezeu pentru fiecare pas făcut în credinţă.

Sfatul meu pentru oricine citeşte asta este simplu: tu poţi să faci ceva.

Poţi să dăruieşti. Nu contează cât de mult. Atâta timp cat e un pas în credinţă. Ceva ce te provoacă să creşti.

Dacă te gândești la asta, atunci doar trebuie să încerci. Ai încredere. Încearcă.

Sper că această carte te va ajuta să faci primul pas. Mai ales dacă te simți provocat. Împunsătura pe care o simți în coaste e modul lui Dumnezeu de a spune, "Fă acest salt."

— Phill Denton
Membru al Bordului, Hillsong Church
Kingdom Builder

O INVITAȚIE PENTRU O VIAȚĂ
COMPLET —— DEDICATĂ

Vreau să încep cu o mărturisire: eu nu am terminat niciodată școala. Sunt doar un instalator australian îmbrăcat în haine curate. Nu am nimic special. Cu excepția faptului că am decis să fiu complet dedicat lui Dumnezeu.

Ceea ce ne duce la scopul din spatele titlului acestei cărți: cred că am fost chemat să mobilizez o generație de oameni care să devină și ei complet dedicați lui Dumnezeu.

Oameni ca soția mea, Susan, și ca mine.

Creștini care am ales să fim credincioși cu ceea ce avem așa încât Dumnezeu să deschidă larg porțile Împărăției ca binecuvântarea să se reverse.

Scriu această carte deoarece cred că Dumnezeu ridică o armată de Kingdom Builders peste tot în lume.

Folosesc termenul Kingdom Builder (Constructori ai Împărăției) deoarece nu suntem chemați să fim pasageri ai Împărăției.

Nu suntem chemați să fim consumatori ai Împărăției.

Nu.

Noi suntem chemați să fim Kingdom Builders.

Știu câte ceva despre construcții. Asta am făcut toată viața.

A fi un Kingdom Builder nu are legătură cu inteligența,

aptitudinile sau poziția socială.

Nu are legătură cu puterea ta financiară.

Crede-mă, eu și soția mea nu aveam prea multe când am făcut primul nostru pas în credință. La momentul acela părea imposibil. Dar, am avut încredere în Dumnezeu și El ne-a binecuvântat de o mie de ori mai mult.

Cred cu adevărat că suntem binecuvântați ca să fim o binecuvântare. Nu întotdeauna am crezut la fel. Acum, unica misiune a vieții mele e să împărtășesc acest adevăr simplu, care schimbă vieți.

Dumnezeu te invită să ajuți la construirea Împărăției Sale.

Da.

El te cheamă să fii un Kingdom Builder.

A fi un Kingdom Builder are legătură cu credința.

Credință în promisiunile Scripturii. A lua decizii înțelepte. Și a-L urma pe Dumnezeu în fiecare zi.

Vreau să pun accent pe aceasta în fiecare zi. Credința este o călătorie moment după moment împreună cu Dumnezeu.

Pe paginile următoare voi împărtăși povestea mea și poveștile altora care au auzit chemarea lui Dumnezeu de a finanța Împărăția. Oameni obișnuiți ca tine care au descoperit bucuria a ceea ce înseamnă să trăiască o viață generoasă. Credincioși care au pășit în afara delimitărilor și au decis să Îl pună pe Dumnezeu pe primul loc în fiecare domeniu al vieții lor.

Sper că ni te vei alătura.

Călătoria mea:

———

EXACT ACEEAȘI CREDINȚĂ

Străbunicul meu a fost dat afară din Biserica Baptistă din cauză că era prea spiritual. El a fost un simplu meseriaș, ca și mine, care a fost mântuit într-un mod radical. Bunicul Denton a fost primul exemplu pentru mine despre ce înseamnă să fii un credincios complet dedicat. El obișnuia să predice la colț de stradă în Sydney despre singurul Dumnezeu adevărat.

Îi sunt recunoscător pentru că el a stabilit multiple generații ale familiei Denton pe cursul credinței. Fiul său, Sidney, bunicul meu, a fost pastor. Tatăl meu, Barry, de asemenea. Din partea familiei soției mele, creștinismul merge câteva generații în urmă. Avem o tradiție creștină bogată.

Eu și soția mea, Susan, avem trei copii: Jonathan, care este căsătorit cu Kmy și ne-au dăruit primul nepot, Dallas, și nepoată, Daisy; Mitchell, care este căsătorit cu Elisabetta; și fiica noastră, Anna, care este căsătorită cu

Ehsan, împreună cu fiica lor, Sage.

Toți copiii noștri fac parte din biserică și Îl slujesc pe Dumnezeu.

M-am născut în 1965 în Bowral, New South Wales, Australia. Am fost la biserică majoritatea duminicilor în ultimii 55 de ani. Pe măsură ce creșteam, biserica devenea totul pentru mine. A fi copil de pastor poate duce fie la dedicare pentru lucrare, fie la o viață departe de păstorire. Eu am ales să fac surf și să lucrez.

Nu mă înțelege greșit. Iubesc pastorii, doar că eu nu îmi doresc să fiu unul.

Încă simt la fel și astăzi. De fapt, întotdeauna îmi încep mesajul despre Kingdom Builders în felul următor:

„Nu sunt un pastor. Nu sunt angajat al Bisericii Hillsong. Nu sunt un vorbitor itinerant. Nu fac asta pentru a-mi asigura un venit. Nouăzeci și nouă la sută din timp fac parte din congregație la fel ca și tine – pentru că eu sunt tu."

Singura diferență dintre Andrew din trecut și cel care sunt astăzi e că acum știu cine sunt. Îmi cunosc scopul în viață: să finanțez Împărăția.

Nu întotdeauna am gândit așa. Fiind crescut un copil de pastor penticostal în anii șaizeci și șaptezeci, am urmat mentalitatea sărăciei. În principiu, aceasta se referea la convingerea că cine era bogat era necinstit; banii erau, cu siguranță, rădăcina tuturor relelor. Atât știam.

Tata a avut întotdeauna lucrări în plus, pentru a compensa pentru salariul de pastor. Știam că ne apropiem de sfârșitul lunii când aveam doar spaghete la cină pentru o săptămână întreagă.

Totuşi, ceva legat de mentalitatea aceasta a sărăciei nu îmi cădea bine, dar nu ştiam ce altceva să cred despre finanţe la momentul acela.

Acasă, biserica era pe primul loc, iar familia pe locul doi.

Nu m-am descurcat prea bine la şcoală. De fapt, îmi displăcea complet şi chiuleam de la multe ore. Oceanul era locul unde simţeam pace, mă simţeam acceptat şi provocat. Am fost un surfer toată viaţa mea. Făceam surf înainte de şcoală, după şcoală şi în timpul şcolii. Aşa că în momentul în care am putut abandona şcoala legal, am făcut-o.

La vârsta de 15 ani am abandonat educaţia formală pentru pentru a mă alătura forţei de muncă, fără nici un plan afară de a prinde o poziţie de ucenic într-o profesie.

Nu aveam nici o idee despre ce mi-ar plăcea să fac, aşa că m-am dus la Noaptea Carierei în cadrul unei expoziţii pentru diferite profesii. Sincer, îmi doream să câştig cât mai mult făcând cât mai puţin.

Am mers de la masă la masă, punând o singură întrebare:

„Cu cât plăteşti?"

Ca ucenic instalator se plătea cel mai bine, aşa că am ales să devin instalator.

Nici o cercetare. Nici o planificare. Pur şi simplu, doar cine plătea mai bine.

Am trimis o mână de CV-uri la potenţiali angajatori şi am mers la câteva interviuri înainte să plec într-o călătorie lungă de surf cu un prieten bun. Cu o săptămână înainte să trebuiască să mă întorc acasă, am sunat-o pe mama mea cu care nu mai vorbisem de câteva săptămâni. Am anunțat-o că urma să mă întorc Marțea următoare.

Răspunsul ei a fost foarte direct și șocant, „Bine. Ai primit o slujbă și începi Miercuri!"

Așa că, am început viața mea profesională ca ucenic instalator.

Un lucru pe care l-am învățat de la tatăl meu a fost să lucrez din greu. Îi sunt recunoscător pentru asta, dar nu știam prea multe despre finanțe. Abia la 16 ani când am cunoscut-o pe fata care urma să îmi devină soție, Susan, am început să înțeleg mai bine cum e cu banii.

Am întâlnit-o Duminică dimineața la biserică. Cineva știa de biserica tatălui mea și i-a recomandat să vină. Și acum îmi aduc aminte ce purta când am văzut-o prima dată.

Dacă aș spune că l-a impresionat pe acest flăcău australian, mare și urât ar fi puțin spus. Ea avea o încredere neclintită că Dumnezeu avea mult mai mult pregătit pentru ea.

Una din primele ei întrebări a fost, „Care este planul tău pentru următorii cinci ani?"

Eu i-am răspuns, „Despre ce vorbești?"

La care ea a spus, „Știi și tu, obiectivele și visurile tale pentru viitor?"

Stăteam doar și mă holbam la ea. Nu mă gândisem niciodată mai departe de săptămâna următoare. Nu am știut ce să îi răspund.

Singurul lucru care mi-a venit în minte a fost, „Mi-ar plăcea să am o mașină tare!"

Susan era șocată. Nu îi venea să creadă că eu nu m-am

gândit niciodată că aș putea deține propria mea afacere sau să am casa mea. Toate lucrurile pe care ea și le dorea de când avea 10 ani.

Susan m-a învățat despre finanțe. Ea a fost mereu o persoană econoamă.

De fapt, când am cunoscut-o, ea se afla la prima ei oprire într-o călătorie în jurul lumii pentru care a economisit din banii ei de buzunar de când era copil. Planul ei era să aibă o aventură măreață și apoi să își cumpere prima ei casă în Noua Zeelandă. Și din moment ce să cumpere o casă însemna o cheltuială majoră, a decis să meargă întâi la muncă în Australia.

Acum, la 19 ANI, o coafeză din Noua Zeelandă și-a intersectat drumul cu un tânăr Australian care putea să lucreze din greu, dar nu avea nici un plan pentru viitor.

Doi ani mai târziu ne-am cumpărat prima casă împreună. Susan a pus majoritatea sumei din avans, iar eu mi-am pus a doua semnătură pe contract, din cauză că pe vremea aceea doar bărbații primeau ipotecă. Eu aveam 18 ani și eram în al treilea an de ucenicie la momentul respectiv, dar ea a putut să vadă imaginea de ansamblu în ce privește ceea ce Dumnezeu înfăptuia.

Pentru următorii doi ani, eu am trăit împreună cu câțiva prieteni într-o casă mică de cărămidă pe strada Nattai, până când ne-am căsătorit, în sfârșit. La prima noastră aniversare de la nuntă am aflat ca Susan e însărcinată. Dintr-odată, viața noastră a devenit foarte grea. Am fost șocat când mi-a dat vestea. Pentru prima dată în viața mea, am realizat că eram responsabil pentru altcineva.

Jonathan s-a născut și acum aveam un singur venit.

Rata dobânzii era la un nivel foarte mare în Australia în 1987, în jur de 18%. Eu aveam sarcina enormă de a purta de grijă familiei mele. Am făcut ceea ce m-a învățat tatăl meu, am lucrat din greu.

Pentru următorii 10 ani am lucrat fără oprire. Nu mi-a fost niciodată frică de muncă.

Șase zile pe săptămână? Nicio problemă.

Optsprezece ore pe zi? Andrew putea.

Nu regret acele zile de început. Am învățat mult despre credincioșie și împlinirea promisiunilor făcute.

Când am avut 21 de ani, un profet a venit în vizită la biserica tatălui meu. Îl cunoșteam de când eram copil și îl auzisem de multe ori predicând, așa că nu mă așteptam la ceea ce avea să se întâmple.

A început vorbind peste întreaga congregație, dar mai apoi a profețit asupra mea despre mantaua de pastor care a fost peste tatăl meu, peste bunicul meu și chiar peste străbunicul meu. El a profețit că aceeași manta pentru lucrare era peste mine.

A mai profețit și că lucrarea mea nu putea fi făcută de oricine.

Să spun că eram șocat ar fi puțin.

Vreau să zic, eram sigur că nu vreau să fiu pastor. Așa că nu am fost de-acord cu el legat de asta. Dar, despre ce altă lucrare putea fi vorba?

Nu este singura lucrare aceea de pastor? La ce altceva s-ar fi putut referi? Eram confuz. Am pus gândul acesta undeva adânc in inima mea și am uitat complet de el.

În următoarea etapă din viața mea am lucrat cu normă întreagă ca instalator pentru altcineva, am avut propria mea afacere de instalaţii, şi o afacere de multi-level marketing.

Muncă, muncă şi mai multă muncă.

Asta e tot ce făceam.

Mă doare inima să recunosc, dar nu am avut nicio vacanţă cu familia în opt ani.

În acel sezon din viaţă, am devenit un bărbat plictisitor, obosit şi depresiv. Încă mergeam la biserică împreună cu familia. Cântam cântecele de laudă şi închinare, dar, înăuntru eram mort.

Nu voi uita niciodată ziua în care am ajuns acasă la ora 5 după masa pentru a face un duş rapid şi mânca înainte să mă duc la altă lucrare, când Susan mi-a spus, „Ştii că sunt o mamă singură cu trei copii, nu-i aşa?

În ignoranţa şi apărarea mea am spus, „Ce afirmaţie stupidă. Desigur că nu eşti o mamă singură! Eşti căsătorită cu mine!”

Ea mi-a răspuns, „Asta nu schimă faptul că sunt o mamă singură cu trei copii.”

Am explodat la ea, „Sunt aici, nu-i aşa?”

A explodat şi ea, „Nu eşti aici niciodată. Tot ce faci e să lucrezi, lucrezi, lucrezi!”

La momentul acela eram foarte supărat şi trecând de stadiul de a fi nervos, am spus, „Fac asta pentru familie.”

„Care familie?” a spus Susan. „Andrew, ceva trebuie să se schimbe!”

Am plecat nervos, trântind uşa de la casă, am sărit în camionetă şi am plecat. Nu am condus decât câţiva kilometri şi a trebuit să mă opresc. Plângeam din cauza a ceea ce se întâmplase. Lacrimi mari şi urâte.

Eram nervos şi supărat.

Nu aici îmi dorisem să ajung în viaţă. În momentul de faţă eram obsedat de muncă, în pericol de a-mi pierde familia.

Nu aveam nici un scop. Nu exista un motiv real în spatele alegerilor mele zilnice. Am realizat că doar purtam de grijă financiar familiei mele şi nici aceasta nu o făceam foarte bine. Lucram aşa de mult; nu ştiam exact care era locul meu în familie şi cum să fiu un soţ, tată şi bărbat de familie prezent.

În timp ce stăteam în camionetă pe marginea drumului, plângând, am realizat că aveam nevoie să cer ajutor.

Am întors maşina şi am condus direct înapoi la Susan. Mi-am cerut iertare pentru faptele mele şi modul în care trăiam. Ea mi-a sugerat să merg şi să vorbesc cu unul din pastorii de la biserică.

Ştiam că are dreptate, dar uram ce îmi cerea să fac. Până în acel moment eu crezusem că consilierea e pentru oameni slabi. Dar, mi-am înghiţit mândria şi am cerut ajutor.

Decizia de a vorbi cu unul din pastorii noştri a fost excelentă. El m-a îndreptat înapoi la Isus şi mi-a spus că trebuia să Îi cer Lui să îmi direcţioneze viaţa şi să îmi arate ce schimbări erau necesare.

Aşa că, silitor, am început să mă rog şi să Îl caut pe Dumnezeu cum nu am mai făcut-o altădată.

Câteva săptămâni mai târziu, am participat la o tabără pentru bărbaţi, organizată de biserica mea, Hillsong. Acolo, pastorul meu, Brian Houston, a predicat un mesaj despre „Credinţa Centurionului" din Matei 8:5-13.

Stăteam în primul rând. Nu pentru că eram special. Ci pentru că eram dornic. Deschis și gata să învăț.

La momentul respectiv, noi eram biserica cea mai mare din Australia, după 14 ani de existență, cu mii de membri, dar încă nu aveam o clădire.

Hai să îți spun ceva despre Biserica Hillsong. Pastorii Brian și Bobbie Houston au început această biserică într-o sală de sport a unei școli, în 1983, și au condus-o spre ceea ce este astăzi, o congregație globală roditoare. Dar nu a fost niciodată vorba despre numere.

Ei au folosit orice resurse au avut la dispoziție pentru a construi o comunitate. Bogăția bisericii noaste – voi repeta asta din nou și din nou pe parcursul cărții – sunt OAMENII.

Clădirile nu sunt despre ultima tehnologie, despre prestigiu sau ridicarea de monumente pentru faima noastră – ci au fost făcute pentru a găzdui lucrarea lui Dumnezeu și pentru a facilita un spațiu pentru oameni ca să găsească comunitate, părtășie și, cel mai important, o relație cu Dumnezeu.

Foloseam tot ce aveam la dispoziție pentru a ne putea întâlni și crește – săli de sport și centre comunitare – dar eram mereu la mila proprietarilor. Majoritatea orelor de voluntariat erau petrecute pregătind sala de întâlnire și apoi strângând la final, în loc să construim viitorul.

Asta nu putea decât să frustreze un vizionar ca Pastorul Brian. Biserica noastră era plină de oameni credincioși și muncitori, nicidecum de milionari. Soluția părea imposibilă. În sezonul acela Dumnezeu i-a dăruit Pastorului Brian un cuvânt, și anume că nu este vorba despre a găsi unul sau doi oameni prosperi care să poarte povara, ci despre a ridica o întreagă generație de bărbați și femei generoși care să poarte viziunea pe termen lung, înțelegând că Dumnezeu dorește să îi binecuvânteze ca ei să fie o binecuvântare.

Atunci i-a vorbit Dumnezeu despre credința Centurionului. Și apoi el ne-a spus mesajul acesta în tabăra de bărbați. Chiar când eu mă aflam într-un punct crucial în viața mea.

E o poveste faimoasă. Am să descriu aici varianta mea parafrazată: un Centurion vine la Isus și Îl roagă să îi vindece servitorul. Isus i-a răspuns, „Sigur, haide să mergem la tine acasă și am să îl vindec."

Centurionul îi răspunde, „Stai puțin, Isus. În primul rând nu sunt vrednic să vii în casa mea. În al doilea rând, nici măcar nu e nevoie să vii. Doar spune un cuvânt și slujitorul meu va fi vindecat."

Și Scriptura ne spune că Isus a fost uimit de credința acestui om.

La care, răspunsul Centurionului a fost, „Credință? Nu e vorba de credința, ci de autoritate. Eu sunt un om cu autoritate. Și mă aflu sub autoritatea altora. Îi spun unui om „Du-te acolo" și el se duce. Nu e la fel și cu Tine, Isus? Tu ești un Om cu autoritate. Spune doar un cuvânt și slujitorul meu va fi vindecat."

Pastorul Brian a subliniat atunci că Centurionul avea 100 de oameni sub autoritatea lui care ar fi făcut orice era necesar, nu ca roboți, ci participanți dedicați pentru cauza Romei.

Pastorul Brian a spus atunci, „Băieți, asta e

extraordinar! Ca pastor al vostru senior am descoperit ce am nevoie. Am nevoie de 100 de bărbați care vor face tot ceea ce este necesar de dragul Împărăției, nu ca roboți, ci ca participanți doritori pentru cauza lui Isus Cristos. Primul lucru care îl voi cere acestui grup va fi să strângem un milion de dolari pe deasupra zeciuielilor și dărniciilor obișnuite."

Când l-am auzit pe Pastorul Brian spunând cuvintele astea, a fost ca și cum s-a aprins un bec, „Eu sunt unul din aceștia" – mi-a sărit inima din piept!

Nu aveam nicio idee cum aș fi putut strânge banii. Totuși, am mers direct la Pastorul Brian, plângând în hohote, și i-am spus, „Eu mă bag."

Sunt sigur că s-a uitat atunci la mine și s-a gândit, "Wow, ce drăguț, Andrew. Va fi interesant." Pentru că, la momentul respectiv, viața mea era întoarsă pe dos.

Am adunat câțiva bărbați în jurul Pastorului Brian în noaptea aceea. Ne-am rugat pentru el și așa a început Kingdom Builders.

Era 1996. Acea zi a fost fundamentală pentru mărturia mea și a Bisericii Hillsong.

Dacă știi câte ceva despre biserică și finanțe, știi că zeciuielile și dărniciile obișnuite merg spre plata facturilor și, cu speranță, plata salariului pastorului. Darurile mai presus de acestea sunt cele care ajută biserica să facă acei pași mari de credință: să cumpere clădiri, să înceapă campusuri noi și să împrăștie Evanghelia pe tot pământul.

În 1997 a avut loc prima dăruire Kingdom Builders.

În acel prim an de Kingdom Builders, Dumnezeu ne-a spus mie și lui Susan să scriem un cec de 5.000 de dolari. Ar fi putut la fel de bine fi 5.000.000 de dolari. La momentul respectiv lucram în două locuri și conduceam o afacere de acasă. În acel an am renunțat la munca de noapte pentru a fi mai mult cu familia.

Și știi ce? Am scris cecul acela.

Cumva, având mai puțin, Dumnezeu ne-a binecuvântat cu mai mult.

A fost un pas în credință pentru noi, ca familie, dar Susan și cu mine știam că Dumnezeu ne chema să facem asta.

În primul an, când am făcut acest pas în credință, am făcut schimbări majore în viețile noastre. Era înspăimântător, dar și entuziasmant. A fost primul an în care nu m-am bazat pe Andrew. A fost extraordinar. La sfârșitul anului aveam 5.000 de dolari să punem în vasul de colectare.

Așa că i-am spus soției, „Hai să mai facem asta o dată."

Îmi amintesc clar cum i-am inclus și pe copii în călătoria aceasta. Le-am spus, „Anul trecut am oferit 5.000 de dolari. Anul acesta hai să dăruim 15.000 de dolari."

Pe atunci conduceam o mașină ce valora 10.000 de dolari. Unul din lucrurile pe care le-am făcut pentru a-mi mări capacitatea, a fost să îmi vând mașina și să iau alta mai ieftină. A prins bine pentru eul meu și, de asemenea, m-a ajutat să trăiesc în acord cu o nouă convingere: oportunitățile vin pentru cei care se pregătesc.

Am făcut loc din nou pentru timp liber în viața mea. Am făcut loc pentru mai multă capacitate în viața mea, atunci când vine vorba de finanțe. Mi-am înghițit mândria și am fost capabil să scriu un cec de 15.000 de dolari.

Îmi aduc aminte clar cum mă gândeam în parcarea bisericii, „E înfricoşător din nou. Dar e vorba de aceeaşi credinţă pentru a da 15.000 de dolari precum a fost anul trecut când am dat 5.000 de dolari."

A fost extraordinar.

Doar doi ani mai târziu, am scris un cec de 80.000 de dolari.

Doi ani şi mai târziu, am scris un cec de 240.000 de dolari.

Eram copleşit.

Pentru 10 ani m-am strofocat, bazându-mă pe Andrew, în principiu, eşuând în fiecare domeniu al vieţii mele. Iar acum, câţiva ani mai târziu, singurul lucru pe care îl făcuserăm diferit a fost să ne întrebăm: „Avem încredere în Dumnezeu sau nu?"

Fie eram complet dedicaţi, fie trebuia să ne retragem.

Am ajuns să scriem un cec de 240.000 de dolari, doar câţiva ani mai târziu.

De ce?

Pentru că am ales să fim complet dedicaţi şi să credem promisiunile lui Dumnezeu.

Până în momentul când am dat cei 5.000 de dolari, eu şi Susan ne dădeam doar zeciuielile. Când am ales să depăşim limita şi să dăm într-un mod de sacrificiu, Dumnezeu a schimbat ceva în vieţile noastre.

Cei 5.000 de dolari au mers spre construirea primei clădiri a bisericii Hillsong. Susan şi cu mine stăteam în secţiunea cea mai de sus la deschiderea bisericii. În seara aceea a fost o profeţie că în viitor vor fi scrise numeroase cecuri de milioane de dolari.

Australienii se entuziasmează uşor când e cazul şi, aşa că, ne-am ridicat toţi în picioare şi am aplaudat la aceste cuvinte. A ţinut mult. Ştiu că a ţinut mult din cauză că eu şi soţia am purtat o întreagă conversaţie în timpul acela.

Îmi amintesc că am spus, „Ar fi nebunesc.”

Susan mi-a spus, „Nu ar fi minunat ca în loc să aşteptăm ca milionarii să fie mântuiţi şi să îşi permită asta, oameni obişnuiţi din biserica noastră să fie dezvoltaţi aşa încât să poată dărui milioane?”

Îmi amintesc că mă gândeam, „E absurd! E mai presus decât orice ai putea cere, gândi sau imagina. Ar fi ceva cu adevărat nebunesc.”

Dar Duhul Sfânt mi-a vorbit prin Susan în seara aceea. Nu cred că ea şi-a dat seama. Cu siguranţă, eu nu aveam nici cea mai mică idee că în opt ani, fratele meu Phil, soţia lui Melissa, Susan şi cu mine, urma să scriem un cec de 1.000.000 de dolari din afacerea noastră.

A fost înfricoşător?

Absolut.

A fost entuziasmant?

De necrezut.

Dar nu mai de necrezut sau mai înfricoşător ca atunci când am scris cecul de 5.000 de dolari. Pentru că a fost exact aceeaşi credinţă.

Când fratele meu, Phil, şi cu mine am avut cecul de 1.000.000 de dolari, îmi aduc aminte că am zis, „Hai să nu depunem cecul în vasul de colectare în caz că cineva îl va pierde. Mai bine să ne facem o programare cu Pastorul Brian.”

Când i l-am înmânat, el s-a uitat direct în ochii mei şi

a spus, „Știi că nu am să vă tratez diferit de ceilalți, nu?"

Eu am spus, „Bineînțeles. De fapt, te rog să nu spui la nimeni cine ți-am dat acest cec, pentru că la un moment dat în acest weekend, un alt cuplu va mai dărui 5.000 de dolari și le va trebui exact aceleași credință."

În fiecare an continuăm să facem pași în credință. Cecurile de astăzi au mai multe zerouri, dar e exact aceeași credință ca atunci când am dat 5.000 de dolari. Exact aceeași credință.

În ultimii șase ani, Dumnezeu m-a dus pe tot pământul pentru a instrui și crește oameni care vor trăi complet dedicați. Kingdom Builders care vor finanța cauza lui Cristos. Bărbați și femei care sacrifică de bună voie și dăruiesc pentru înaintarea Împărăției.

Poate și tu ești la fel cum eram eu în 1996. Pierdut. Obosit. În căutarea unui scop.

Voi îndrăzni să spun că scopul tău este de ajuta biserica locală mai mult decât pastorul tău senior ar putea cere, gândi sau imagina.

Susan și cu mine am fost binecuvântați pentru a fi o binecuvântare.

Aceeași chemare și oportunitate o ai și tu.

Următoarele pagini, sper eu, te vor ajuta să găsești curajul să răspunzi chemării lui Dumnezeu de a finanța Împărăția.

Am împărțit cartea în trei părți: Principiile, Partenerii și Practica.

Prima secțiune te va ajuta să înțelegi ce înseamnă, din punct de vedere biblic, să fii un Kingdom Builder. A doua secțiune te va ajuta să înțelegi și să identifici echipa de care vei avea nevoie în jurul tău pentru a rămâne credincios. Ultima secțiune este un ghid menit să te ajute să începi și să continui indiferent de circumstanțe.

Când oamenii mă întreabă dacă Kingdom Builders este un grup exclusivist, eu le răspund de fiecare dată, „Da, este un grup exclusivist. Dar toți sunt invitați.”

Vei alege și tu să devii Kingdom Builder?

Eu asta sper. Nu e ușor. Totuși, e incredibil de simplu. Necesită doar ca tu să te predai.

Uite cum....

PRINCIPIILE

CE LUCRARE?

———

Precum am spus în primul capitol, eu nu sunt un pastor.

Lucrarea mea nu este să păstoresc oamenii.

Nu este să conduc închinarea de pe scenă.

Lucrarea mea este să finanțez Împărăția.

Și e ușor pentru mine să am încredere în pastorul meu și să îmi fac partea. Amândoi am fost chemați la lucrare.

În cei 29 de ani de când fac parte din Biserica Hillsong, nu am participat la nici un serviciu la care să nu fie măcar o persoană mântuită. Am fost în toată lumea, la tot felul de programe și am văzut roadele.

Așa că, nu e greu să scriu un cec.

Nu e greu să dau într-un mod de sacrificiu.

Nu e greu să îi provoc și pe alții să facă asemenea.

Dumnezeu doar mă chemă să fiu darnic. Dumnezeu mă cheamă să port de grijă financiar. Nu să dăruiesc având așteptări. Nu să fiu mofturos în legătură cu locul unde vor merge banii mei. Ci doar să dăruiesc cu credincioșie și să mă încred în Cuvântul Său.

Dumnezeu mă cheamă să fiu un participant doritor. Nu am nici un cuvânt de spus. La fel cum nu ai nici tu.

Când vorbesc despre lucrarea de finanțare a Împărăției,

vorbesc despre participare activă și dăruire pentru ceea ce va ajuta Biserica să meargă mai departe.

Daruri mai presus de ce este obișnuit.

Nu doar zeciuieli și daruri obișnuite, care plătesc facturile. Plătesc salariul pastorului. Asta e ușor. Ceea ce este dat pe deasupra va aduce schimbările majore în Împărăție.

Sunt uimit cât de mulți oameni nu se încred în Dumnezeu când e vorba de finanțe.

Tristul adevăr este că oamenii nici măcar nu își dau zeciuiala. Am văzut asta din nou și din nou peste tot în lume. Oamenilor le este prea frică să dea 10% înapoi lui Dumnezeu. Și asta este minimul din ceea ce El ne-a poruncit să facem.

Această lipsă de credință ține Biserica înapoi de la a face pași mari de credință cum ar fi deschiderea de campusuri noi în oraș și, cu atât mai mult, în lumea întreagă.

Aceia sunt banii mai presus de ce este obișnuit. Dăruirile care cer sacrificii.

Ca un om de afaceri, îmi place să văd impact. Nu trebuie să mă uit mai departe de copiii mei ca să vad impactul generozității mele. Orice am dăruit vreodată bisericii — fiecare dolar, fiecare oră, fiecare sacrificiu — a meritat. Doar pentru impactul pe care dărnicia noastră l-a avut asupra familiei noastre.

A meritat cu adevărat.

CENTRUL NUCLEULUI

În Biserica Hillsong, avem o inițiativă de dăruire numită Inimă Pentru Casă. Este momentul culminant al anului pentru Kingdom Builders. După dăruirea din 2014, am mers să vorbesc cu Directorul Financiar-Contabil al Bisericii Hillsong în Australia pentru că am vrut să aflu ce impact avea Kingdom Builders din procentajul general al dăruirii Inimă Pentru Casă.

I-a trebuit trei săptămâni să îmi dea un procentaj exact, probabil că a trebuit să verifice, să verifice din nou și să re-verifice numerele. Când m-a chemat înapoi la el la birou, avea încă doi contabili șefi cu el pentru a întări raportul.

Descoperirea lui m-a copleșit.

Lucrul cel mai minunat și cea mai mare surpriză, a fost că cea mai mare parte din procentajul dăruirii – 70% - a fost dăruită de un grup mic de oameni credincioși și generoși – Kingdom Builders. Oameni care au avut o revelație despre ce poate face generozitatea în viețile lor personale și ale altora, când ei devin conducta prin care binecuvântarea poate să curgă.

Poate citești asta și te gândești, „Eu nu sunt un milionar."

Nici eu nu am fost când Susan și cu mine am scris primul cec. De aceea angajamentul minim de dăruire pentru a fi un Kingdom Builder este de 5.000 de dolari.

Vezi tu, să fii Kingdom Builder nu este despre cât de mult poți da. Este vorba despre inima ta. Dărnicia care este un sacrificiu, mai presus de zeciuieli și daruri obișnuite.

Sunt întrebat mereu, „Nu e Kingdom Builders exclusivist?"

Iar eu răspund, „Absolut. Doar că e accesibil pentru oricine."

E ca și cum întrebi cine va cânta la microfon la laudă și închinare Duminică. Echipa de închinare este deschisă pentru oricine. Doritorii vin și încep să slujească. Își demonstrează capacitatea. Și nici măcar nu trebuie să fie cei mai buni cântăreți pentru a conduce închinarea. Tot ce e nevoie e să aibă inima potrivită.

Kingdom Builders este despre starea inimii.

Este un grup de oameni dedicați care au decis să Îl pună pe Dumnezeu pe primul loc în fiecare domeniu al vieții lor.

PILDA TALANȚILOR

Isus spune o poveste în Evanghelii, despre oamenii pe care El Îi caută pentru a construi Împărăția Sa. Când a vorbit despre Împărăția lui Dumnezeu, Isus a spus:

> Căci va fi ca atunci când un om, urmând să plece într-o călătorie, și-a chemat sclavii și le-a încredințat averile lui. Unuia i-a dat cinci talanți, altuia – doi, iar altuia – unul, fiecăruia după puterea lui; apoi a plecat. Imediat, cel ce primise cinci talanți s-a dus și i-a investit și a câștigat alți cinci. Tot așa, cel ce primise doi a câștigat și el alți doi. Dar cel ce primise unul s-a dus și a săpat o groapă în pământ și a ascuns acolo banii stăpânului său.
>
> După mult timp, stăpânul acelor sclavi a venit și a început să-și pună în ordine socotelile cu ei.

Cel ce primise cinci talanţi a venit şi a adus încă cinci talanţi, zicând:

– Stăpâne, mi-ai încredinţat cinci talanţi; iată, am mai câştigat încă cinci!

Stăpânul i-a zis:

– Bine, sclav bun şi credincios! Pentru că ai fost credincios peste puţine lucruri, te voi pune responsabil peste multe! Intră în bucuria stăpânului tău!

A venit apoi cel ce primise doi talanţi şi a zis:

– Stăpâne, mi-ai încredinţat doi talanţi; iată, am mai câştigat doi!

Stăpânul i-a zis:

– Bine, sclav bun şi credincios! Pentru că ai fost credincios peste puţine lucruri, te voi pune responsabil peste multe! Intră în bucuria stăpânului tău!

A venit şi cel ce primise un talant şi a zis:

– Stăpâne, am ştiut că eşti un om aspru, care seceri de unde n-ai semănat şi aduni de unde n-ai împrăştiat, aşa că mi-a fost teamă şi m-am dus şi ţi-am ascuns talantul în pământ. Iată aici talantul tău!

Stăpânul i-a răspuns:

– Sclav rău şi leneş! Ai ştiut că secer de unde n-am semănat şi că adun de unde n-am împrăştiat? Atunci trebuia ca tu să-mi fi pus banii la zarafi, pentru ca, la întoarcere, să primesc cu dobândă ceea ce era al meu!

Aşadar, luaţi-i talantul şi daţi-i-l celui ce are zece talanţi! Căci oricui are, i se va da mai mult şi va avea din abundenţă, dar de la cel ce n-are se va lua chiar şi ce are! Iar pe sclavul acela nefolositor aruncaţi-l în întunericul de afară! Acolo va fi plânsul şi scrâşnirea dinţilor!

(Matei 25:14-30)

Sunt câteva principii cheie care pot fi învăţate din pasajul acesta.

Pentru început, Isus caută oameni care sunt gata să rişte financiar. Credincioşi cărora nu le este frică să se încreadă în Cuvântul Lui şi să îşi asume riscuri sănătoase pentru Cauza lui Cristos.

Cu toţii putem vedea în parabola aceasta că Dumnezeu caută parteneri. Parteneri dornici. Oameni care caută un scop la fel ca mine în 1996.

Prea mulţi creştini sunt doar spectatori.

Dumnezeu e în căutare de participanţi activi.

Oameni în care El se poate încrede. Indiferent de abilităţi şi venit.

Primii doi slujitori au investit ceea ce le-a fost încredinţat, în schimb al treilea a eşuat să creadă promisiunea lui Dumnezeu.

Nu trece cu vederea acest principiu simplu al Împărăţiei: când tu investeşti ceea ce Dumnezeu îţi dă, se va înmulţi. Când împlineşti ceea ce El ţi-a poruncit, El va binecuvânta fiecare pas în credinţă.

Din păcate, cu toţii am văzut ce se întâmplă cu cei care trăiesc o viaţă în frică, la fel ca cel de-al treilea slujitor.

Ceea ce ai, îţi este luat. Chiar mai rău de atât, lipsa ta de credinţă te separă de o comunitate autentică.

Asta e ceea ce e aşa de minunat legat de Kingdom Builders. Ei sunt centrul nucleului în biserică. Există un nucleu în fiecare biserică. De obicei, 25-30% dintre membrii slujesc în mod activ şi îşi dau zeciuielile. Dar ce face diferenţa este procentul acela de 1%.

Kingdom Builders care sunt complet dedicaţi.

Când am ajutat la lansarea Kingdom Builders în Stockholm, Suedia, în urmă cu şase ani, ei erau aproape de a-şi pierde clădirea. Cinci ani mai târziu, au şase campusuri şi deţin două proprietăţi.

De ce?

Centrul nucleului, Kingdom Builders, au intervenit.

Astăzi, Kingdom Builders reprezintă aproape 10% din congregaţia lor. Biserica din Stockholm a devenit un exemplu pentru impactul pe care Kingdom Builders îl poate avea.

DECI, AI VREA SĂ FII UN KINGDOM BUILDER?

Am vorbit multe despre finanţe în primul capitol, dar vreau să fiu clar: a fi Kingdom Builder nu este despre bani.

Prima cerinţă pentru a fi un Kingdom Builder este să Îl pui pe Dumnezeu pe primul loc în fiecare domeniu al vieţii tale.

Să nu îţi laşi altă posibilitate. Să renunţi la satisfacţia de sine. Să depăşeşti limitele. Să fii complet dedicat lui Dumnezeu. Să faci un pas în credinţă fără să mai priveşti înapoi, lucru care nu este pentru cei cu inima slabă.

E despre a crede toate promisiunile lui Dumnezeu. Şi să crezi că toate promisiunile Lui sunt pentru tine.

Este uşor?

Nu.

Merită? Absolut!

A doua cerinţă pentru a fi un Kingdom Builder este să

crezi în viziunea bisericii. Indiferent din ce biserică faci parte, trebuie să susții deplin viitorul comunității tale.

A treia cerință pentru a deveni un Kingdom Builder este să spui în inima ta, „Pastore, te acopăr eu." Trebuie să susții liderul comunității tale. Trebuie să lupți împreună cu el și pentru el.

Eu nu am fost întotdeauna de-acord cu pastorul meu, dar i-am păzit mereu spatele. Iar el știe că se poate baza pe mine.

În experiența mea personală, din ceea ce am văzut în viața mea și în viețile altor Kingdom Builders, banii vin ca o consecință a primelor trei cerințe. Dar trebuie ca întâi să ai inima potrivită.

Vorbeam o dată la un eveniment Kingdom Builders și un tânăr a venit la mine la finalul discursului meu. M-am uitat la el și am observat că era acoperit de tatuaje din cap până-n picioare. L-am recunoscut de la One80TC, un program de reabilitare pentru dependenții de droguri și alcool; numai ce ieșise din închisoare și se înscrisese la Colegiul Biblic. Voia să își schimbe viața.

A venit la mine cu un zâmbet larg pe față și îmi aduc aminte că mă gândeam că îmi va zice, „Da, merci Andrew. Dar eu nu pot face asta."

În schimb, el mi-a spus, „Andrew, mă bag și eu. Am calculat că dacă renunț la cafea, voi reuși să strâng jumătate din suma de 5.000 de dolari."

I-am spus, „Prietene, ăsta e răspunsul corect. Asta e atitudinea corectă. Nu e despre de ce nu ai putea, ci despre cum poți să o faci."

Când te gândești, ca un fost pușcăriaș, cafeaua era probabil singurul lucru care îl mai avea. Și sincer, nu cred că sunt prea mulți oameni gata să renunțe la cafea. Dar el a fost atât de emoționat să dea la o parte acest ultim refugiu, să spună „da" la ceva mai mare decât sine însuși.

Aici era un bărbat care a fost eliberat de multe lucruri. Destinația lui era închisoarea. Nimeni nu se descurcă bine când merge la închisoare. Nimeni nu iese de acolo un om mai bun, ci mai rău. Dar, el a fost norocos că judecătorul l-a trimis la un centru de reabilitare în loc de închisoare. Iar acolo L-a întâlnit pe Isus.

Astăzi, el e căsătorit, nu are nici o datorie, deține o casă nouă, slujește în mod activ și dăruiește.

Aceasta este genul de inimă pe care Dumnezeu o caută. Aceasta este inima unui Kingdom Builder adevărat.

TOATE LUCRURILE

Pasajul principal pe care Dumnezeu l-a folosit în călătoria aceasta a Kingdom Builders, este din Evanghelia lui Matei:

> De aceea vă spun: nu vă îngrijorați de viața voastră, gândindu-vă ce veți mânca sau ce veți bea, nici de trupul vostru, gândindu-vă cu ce vă veți îmbrăca! Oare nu este viața mai mult decât hrana și trupul mai mult decât îmbrăcămintea? Uitați-vă la păsările cerului: ele nici nu seamănă, nici nu seceră și nici nu adună în hambare. Și totuși, Tatăl vostru cel ceresc le hrănește. Oare nu sunteți voi cu mult mai valoroși decât ele? Și apoi, cine dintre voi, îngrijorându-se, poate să adauge măcar un cot la firul vieții lui?!

Şi de ce vă îngrijoraţi de îmbrăcăminte? Uitaţi-vă cu atenţie cum cresc crinii de pe câmp: ei nici nu trudesc din greu, nici nu torc. Şi totuşi, vă spun că nici chiar Solomon, în toată gloria lui, nu s-a îmbrăcat ca unul dintre ei! Iar dacă Dumnezeu îmbracă astfel iarba de pe câmp, care astăzi este, dar mâine va fi aruncată în cuptor, oare nu vă va îmbrăca El cu mult mai mult pe voi, puţin credincioşilor?!

Aşadar, să nu vă îngrijoraţi zicând: «Ce vom mânca?» sau «Ce vom bea?» sau «Cu ce ne vom îmbrăca?», căci toate aceste lucruri neamurile le caută! Tatăl vostru cel ceresc ştie că aveţi nevoie de toate acestea. Căutaţi mai întâi Împărăţia (lui Dumnezeu) şi dreptatea Lui, şi toate aceste lucruri vi se vor da pe deasupra. Nu vă îngrijoraţi deci de ziua de mâine, căci ziua de mâine se va îngrijora de ea însăşi. Îi este de ajuns zilei necazul ei.

(Matei 6:25-34)

În versetul 33, Isus în esenţă spune, „Încrede-te în Dumnezeu – şi toate lucrurile îţi vor fi dăruite."

Ce sunt „toate aceste lucruri" în viaţa mea?

Ca Kingdom Builder, ar trebui să am cea mai bună căsnicie.

Ca Kingdom Builder ar trebui să am cea mai bună relaţie cu copiii mei.

Ca Kingdom Builder, ar trebui să fiu în formă şi sănătos.

De ce menţionez aceste lucruri? Pentru că ele reprezintă totul pentru mine.

Ce este „totul" pentru tine?

În versetele dinainte de versetul 33, Isus vorbeşte

despre lucrurile pe care lumea le caută. Lumea este concentrată pe a obține.

Dumnezeu se uită după oameni care știu în inimile lor că viața aceasta este despre a dărui.

Este o promisiune ascunsă acolo: când Îl pui pe Dumnezeu pe primul loc, toate lucrurile îți vor fi oferite. Dar trebuie să Îl cauți pe El întâi. Nu lucrurile. Nu posesiunile materiale. Nu bogățiile.

Nu e nimic greșit cu lucrurile faine. Mie îmi plac lucrurile. Dar nu e ceea ce caut.

Dumnezeu m-a învățat ca este ok să am lucruri frumoase, atâta timp cât acele lucruri nu au putere asupra mea.

Și asta este frumusețea cu Kingdom Builders.

Știm că Dumnezeu ne apără spatele și este pentru noi. Putem să ne încredem în El și El să fie TOTUL pentru noi.

VĂZÂNDU-L PE DUMNEZEU CA TOTUL

———

În primii zece ani ai carierei mele am urmărit să am o ca-să mare, maşini tari, o viaţă cu de toate.

Şi făceam asta punându-mă pe mine pe primul loc.

Eu asiguram venitul...

Eu lucram din greu...

Eu mă strofocam...

Eu. Eu. Eu. Eu. Eu.

Nu Îl vedeam pe Dumnezeu ca Sursa mea.

Cea mai mare descoperire pentru mine a fost că atunci când L-am pus pe Dumnezeu pe primul loc – lucrurile au început să se întâmple.

Pe parcursul anilor L-am văzut pe Dumnezeu lucrând în moduri neaşteptate, mai presus decât aş fi putut eu cere, gândi sau imagina. Obişnuiam să cred ca Efeseni 3:20 era cel mai ridicol verset din Biblie:

> A Lui, Care poate să facă mult mai mult decât cerem sau gândim, potrivit cu puterea care lucrează în noi.

Serios? Mai mult decât am putea cere, gândi și imagina? Serios, Doamne?

Acum douăzeci și patru de ani câștigam 100.000 de dolari pe an, care la vremea aceea era un salariu grozav. Eram plătit bine. Lucram pentru cea mai mare companie de instalatori din Australia, desfășurând proiecte mari și având 50 de instalatori sub mine. Eram un muncitor bun, dar să mă gândesc că aș putea câștiga un milion de dolari într-un an...

E pur și simplu ridicol.

Dar să pot dărui un milion de dolari?

Trebui să câștigi cu mult mai mult de un milion de dolari ca să poți da atâta.

Îți spun, pe parcursul anilor L-am văzut pe Dumnezeu purtând de grijă din nou, și din nou, și din nou. Susan și cu mine continuăm să vedem cum Efeseni 3:20 se împlinește în viețile noastre.

Vezi tu, lumea caută acel „un lucru" care poate asigura binecuvântare și succes. Bibliotecile și librăriile sunt pline de cărți care vorbesc despre aceasta.

Dar eu cred că noi creștinii l-am găsit.

Când Îl pui pe Dumnezeu pe primul loc, restul lucrurilor vin ca o consecință. Vin oportunități. Vin resurse. Cerurile, literalmente, se revarsă.

Maleahi 3:6-12 spune:

> Eu sunt Domnul, Eu nu mă schimb! De aceea, voi, urmași ai lui Iacov, n-ați pierit! Încă de pe vremea strămoșilor voștri v-ați abătut de la poruncile Mele și nu le-ați păzit! Întoarceți-vă la Mine și mă voi întoarce și Eu la voi, zice Domnul Oștirilor.

Dar voi întrebați: «Cum să ne întoarcem?»

Se cade ca un om să-L jefuiască pe Dumnezeu? Și totuși voi Mă jefuiți.

Dar voi întrebați: «Cum Te-am jefuit?»

Cu privire la zeciuială și la contribuții! Sunteți crunt blestemați, căci Eu sunt Cel pe Care îl jefuiți voi, tot neamul! Aduceți însă toate zeciuielile în vistierie, ca să fie hrană în Casa Mea. Puneți-Mă astfel la încercare, zice Domnul Oștirilor, și veți vedea dacă nu voi deschide pentru voi stăvilarele cerurilor și dacă nu voi turna peste voi binecuvântare până nu veți mai avea loc unde s-o țineți! O voi mustra pentru voi pe cea care devorează, ca să nu mai distrugă recolta pământului vostru, iar vița din câmpiile voastre nu va mai fi neroditoare, zice Domnul Oștirilor. Atunci toate neamurile vă vor numi fericiți, pentru că veți fi o țară plăcută, zice Domnul Oștirilor.

Aici este singurul loc din Scriptură unde Dumnezeu ne cere să Îl testăm. Iar eu și Susan am făcut asta. Și știi ceva?

El ne-a dăruit mult mai mult decât am dăruit noi.

În mod repetat, Dumnezeu Și-a revărsat binecuvântarea peste noi și familia noastră.

REVELAȚIA

Pentru mine, următoarea fază a călătoriei de Kingdom Builder a început când am primit chemarea de a-i crește pe alții să finanțeze Împărăția. Pastorul Brian m-a invitat să devin unul din prezbiterii bisericii. Sincer, chestia asta mă speria tare de tot.

M-am gândit, „Ce o vrea el să fac eu ca prezbiter?"

Aşa că l-am chemat să luăm micul dejun şi l-am întrebat.

Am spus, „De ce vrei să devin un prezbiter? Cu ce te-aş putea ajuta?"

El a spus, „Cu nimic. Nu te-am chemat să devii prezbiter din cauză că aş vrea să faci ceva. Ci din cauză a ceea ce faci deja. Şi cine eşti ca persoană. Dacă nu ştii la ce mă refer, atunci am ales persoana greşită."

Atât a fost de direct.

Ştiam cine eram. Ştiam ce chemare era peste viaţa mea. Însă mi-a luat puţin timp să Îl întreb pe Dumnezeu care e pasul următor.

Daca este vreo descriere în Scriptură legat de ce este un prezbiter, este aceasta: supraveghetor spiritual.

Eu văd Kingdom Builders ca un aspect spiritual. Este vorba despre a strânge un grup de oameni care să devină centrul nucleului, ca să finanţeze şi să înainteze Cauza lui Cristos.

Am început să văd clar care era rolul meu ca prezbiter în Biserica Hillsong. Am început cu o evaluare a tuturor campusurilor noastre din lume. Am realizat că avem biserici minunate, dar nici una dintre ele nu avea Kingdom Builders. Şi m-am întrebat cu voce tare, „Care e problema cu pastorii? De ce nu au Kingdom Builders?"

Şi atunci s-a aprins lumina.

Dumnezeu mi-a descoperit că motivul pentru care aceste biserici nu aveau încă Kingdom Builders era din cauză că eu încă nu le transmisesem mesajul. Nu lansasem lucrarea încă. Atunci am realizat care era chemarea și misiunea mea ca prezbiter.

Câteva luni mai târziu eram la Conferința Hillsong. Aceasta este săptămâna cea mai aglomerată din an pentru Pastorul Brian. Treizeci de mii de oameni așteptau să primească puțin din timpul lui. Am reușit să prind 30 de minute cu el la o cafea.

Și i-am spus, „Cred că știu de ce bisericile noastre încă nu au Kingdom Builders."

El mi-a răspuns, „De ce, Andrew?"

Eu am spus, „Pentru că încă nu am mers să lansez lucrarea. Cred că acesta e rolul meu."

Și știi ce mi-a răspuns?

„Cred ca ai dreptate. Dă-i bătaie."

Ce e amuzant e că după câțiva ani Pastorul Brian mi-a spus că el nu credea că am să reușesc. Nu își putea da seama cum aș putea să o fac. Nici eu nu știam. Dar știam că îmi pot spune povestea.

Și faptul acesta a fost catalizatorul.

ÎNTÂMPLAREA NEAȘTEPTATĂ DIN STOCKHOLM

Vorbeam la lansarea Kingdom Builders în campusul nostru din Stockholm. O femeie din primul rând a început să plângă în hohote când am vorbit despre Matei 6:33. S-a ridicat și a părăsit sala.

După întâlnire, pastorul mi-a spus, „Am un membru

cheie, pe nume Henry, care ar vrea să ia cina cu tine în seara aceasta."

Așa că ne-a făcut cunoștință și am realizat ca era bărbatul ce stătea lângă femeia care a plâns.

Mă gândeam, „Doamne, glumești?"

Am spus, „Buna Henry, mă bucur să te cunosc. Cine e femeia blondă care stătea lângă tine în timpul întâlnirii?"

Mi-a spus, „Soția mea."

Și eu i-am zis, „Am să iau cina cu tine numai dacă vine și soția ta." Cred ca e vital să vorbesc mereu cu amândoi soții în situații de genul acesta.

El a spus, „Ok."

La cină, Henry a spus, „Cu o lună înainte de întâlnirea Kingdom Builders, Dumnezeu ne-a spus să postim. Și în fiecare zi, pentru ultimele 30 de zile, am citit Matei 6:33. Așa că atunci când tu ai citit Matei 6:33 am fost dați pe spate."

M-a privit direct în ochi, „Ne băgăm."

Pe parcursul anilor, el a fost ucenicul meu în Kingdom Builders. A mers peste tot în lume pe cheltuiala lui. Mi-a cărat bagajele. A luat parte la discuții unu-la-unu cu sute de cupluri. A fost ca un burete.

Chiar anul acesta a zburat cu mine în Amsterdam și i-am spus, „Ok prietene. Tu vorbești în seara asta. Primele 10 minute sunt ale tale."

El și soția lui au fost primul cuplu din afara Australiei care „s-au prins."

VĂZÂNDU-L PE DUMNEZEU CA TOTUL PENTRU TINE

Unii dintre voi poate citiți asta și vă gândiți, „Grozav, Andrew. Ce poveste minunată. Dar Dumnezeu nu lucrează în felul acesta în viața mea."

Nu lucrează la fel? Ești sigur? Te-aș provoca să te gândești că poate încă nu ai trecut limita aceea de a te încrede în Dumnezeu și a-L lăsa să fie totul pentru tine. Poate pentru tine El e totul, mai puțin unul sau două lucruri...

Alege-L pe El să fie:

Sursa ta.

Totul.

Și știi de ce Dumnezeu nu lucrează în acel mod în viața ta?

Pentru că tu încă încerci să faci totul singur. Încă încerci să îți dai tu seama cum ar fi mai bine. Încă te lupți și faci totul în puterea ta.

Nu va funcționa niciodată dacă încerci să lucrezi tu singur.

Vezi tu, e nevoie de predare. Și asta e amuzant. Pentru că atunci când cineva se predă, de obicei își ridică ambele mâini în aer. Ca la închinare când ridici ambele mâini sus.

Și atunci când ambele mâini îți sunt ridicate nu poți ține de nimic. Pur și simplu nu poți.

Pur și simplu trebuie să te încrezi în Dumnezeu.

Să Îi permiți Lui să fie Totul pentru tine.

Despre asta este vorba în Kingdom Builders. Adu-ți aminte, e vorba despre o stare a inimii.

Termenul „worship" [tradus „închinare"] înseamnă [în

original] „de mare valoare". Aşa că trebuie să te întrebi, „Este Dumnezeu primul în viaţa mea? Este El de cea mai mare valoare?"

Răspunsul la aceste întrebări va determina totul în viaţa ta. Închinarea nu înseamnă doar a cânta şi sluji la biserică, Duminica.

Nu.

Este o predare completă a totului pentru Tot.

După ce I-am lăsat în sfârşit cale liberă lui Dumnezeu în viaţa mea şi împreună cu Susan am trecut dincolo de limită, totul s-a schimbat. Dacă noi am putut face asta, şi tu poţi.

SLUJITUL ŞI VORBITUL

Am continuat să slujesc la biserică. La Conferinţele Hillsong, îi conduceam pe invitaţi prin oraş şi la hotelurile unde stăteau. Am fost desemnat să conduc un cuplu din Africa de Sud, Pastorii André şi Wilma Olivier. Am aflat că ei conduceau o biserică cu multiple campusuri în Africa de Sud.

Majoritatea voluntarilor care conduc invitaţii la Conferinţele Hillsong sunt studenţi ai Colegiului. Desigur, eu eram cu mult mai în vârstă şi când André şi Wilma au intrat în maşină ne-am conectat instant. I-am condus şapte sau opt ani la rând când veneau în Sydney pentru Conferinţe. Şi pe parcurs am devenit prieteni.

Într-o zi am primit un email de la asistenta personală a lui André cu invitaţia de a merge la biserica lor şi de a vorbi în timpul Duminicii Dăruitorilor Binecuvântaţi. Au promis că vor acoperi ei cheltuielile de călătorie şi cazare.

Am fost dat pe spate. Aşa că l-am sunat pe André, „Vorbeşti serios?"

Mi-a spus, „Andrew, cunosc povestea ta. Ai câteva lucruri importante de transmis. Şi eu vreau ca oamenii mei să le audă."

Am zis, „Ok. Voi veni."

Am mers şi i-am spus lui Susan şi ea a spus, „Şi eu vin." Aşa că i-am rezervat şi ei un bilet şi am mers.

Era pentru prima dată când îmi spuneam povestea din poziţia de invitat. Mi-era rău de emoţii înainte de a vorbi. Gura îmi era uscată. Cred că am băut vreo doi litri de apă în timpul celor 40 de minute cât am vorbit.

Dar oamenii au fost cu adevărat influenţaţi. Atât de mult încât André m-a intervievat Duminica în timpul tuturor celor cinci programe ale lor. Pe lângă asta, ne-a dus pe mine şi pe Susan într-un safari de trei zile pentru a ne mulţumi că am făcut călătoria aceasta şi ne-am spus povestea. Apoi Dumnezeu a făcut ceva ce mie nu-mi venea să cred. Mi-au acordat şi un onorariu pentru că mi-am împărtăşit povestea cu congregaţia lor.

Am fost dat pe spate.

Glumeşti, Doamne?

Aş fi mers chiar dacă nu primeam nimic. Dar cred că Dumnezeu a vrut să confirme că eram pe calea cea bună. Când mi-au dăruit plicul am întrebat, „Ce e asta?"

Ei mi-au zis, „E onorariul tău."

Nu mă aşteptasem deloc la asta şi m-am gândit, „Asta-i ridicol."

Când am văzut cât de mult i-a influențat povestea mea pe oameni, am realizat, „Andrew, asta e chemarea ta. Asta e."

Și oamenii nu exagerau. Dumnezeu lucra în viețile lor. Oameni ca mine și Susan, auzeau chemarea de a finanța Împărăția.

Atunci am realizat că acesta este pasul meu următor. Dumnezeu îmi spunea să continui să dăruiesc, dar să dedic următorul sezon al vieții mele creșterii altora ca să devină dăruitori.

CUM RĂMÂNE CU TINE?

Te mai ții încă de ceva?

Ce pui înaintea lui Dumnezeu?

Ce te reține din a deveni complet dedicat lui Dumnezeu?

Indiferent ce este...

Eul.

Cariera.

Lucruri.

Orice.

Niciodată nu te vor satisface.

Niciodată.

Pentru că nu poate fi decât un singur Dumnezeu adevărat în viața ta...

NU ESTE VORBA
DESPRE BANI

Problema numărul unu în bisericile din ziua de astăzi o reprezintă finanțele.

Diavolul a făcut o treabă bună în lumea creștină când vine vorba de a crea confuzie în domeniul finanțelor.

De ce?

Pentru că el știe adevărul.

Știe că dacă Biserica conștientizează ce este în puterea ei, atunci munca lui este împiedicată.

Nu trebuie decât să te uiți la ce a făcut Biserica Hillsong cu un procent din congregația ei.

Cum ar fi dacă Kingdom Builders ar crește la 10% din dăruitori? Cum ar fi dacă ar crește la 20%? Poți să îți imaginezi câte vieți ar fi schimbate, biserici plantate, comunități transformate?

Poți să îți imaginezi?

Banii sunt cuiul de osie.

Recent, am vorbit la o biserică din Perth despre Kingdom Builders. Eram în ultima întâlnire privată cu un cuplu care venise să mă asculte. În dimineața aceea, soția trebuise să îl tragă pe soț după ea pentru a veni să mă audă. Dar când a auzit discursul a fost impresionat.

Atât de mult încât el a fost cel care a spus, „Trebuie să ne vedem în privat cu omul acesta!"

Ne așezăm și luminile se aprind. Până să mă audă pe mine vorbind, acest om credea minciuna că biserica doar vrea bani. Biserica nu vrea banii tăi.

Nu.

Biserica vrea ca tu să fii într-o relație bună cu Dumnezeu. Ca o consecință a relației tale cu Dumnezeu, vei dărui. Dar aceasta este un efect al unei inimi schimbate.

Ține minte: Kingdom Builders este despre o stare a inimii.

Știu că oriunde merg să vorbesc voi întâlni oameni ca acest soț din Perth, care au o concepție greșită despre bani. Și știu că Dumnezeu vrea ca eu să scot la lumină minciuna asta pe care diavolul încearcă să o răspândească. Vreau ca Duhul Sfânt să îi lovească fix între ochi cu adevărul Său.

Și adevărul este că atunci când realizezi cât ești de binecuvântat, nu poți decât să îi binecuvântezi și pe alții. Nu te poți abține din a dărui.

DE LA A FI „IMPLICAT"
LA A FI „COMPLET DEDICAT"

Aș spune că 99% din cei ce sunt Kingdom Builders deja slujesc într-o anumită capacitate în biserică. Deja sunt implicați.

Când îmi spun povestea, eu doar îi ajut să treacă de la a fi doar implicați, la a fi complet dedicați.

Eu eram unul din cei confuzi. Desigur, slujeam. Desigur, îmi dădeam zeciuiala. Dar nu Îl vedeam pe Dumnezeu ca singura mea Sursă.

Dumnezeu spune, „Vrei să ridici mâna?"

El ne întreabă, „Ce mărime de conductă vrei să fii?"

Vezi tu, robinetul binecuvântărilor este deschis la maxim. Noi suntem cei care determină cât de multă binecuvântare se va scurge în viețile noastre. Iar acest tip de credință este o credință complet dedicată.

Evanghelia după Marcu ne spune despre întâlnirea lui Isus cu un tânăr bogat care a venit la El pentru a afla secretul vieții veșnice:

Chiar când pornea la drum, a alergat la El un om care a îngenuncheat înaintea Lui și L-a întrebat:

– Bunule Învățător, ce să fac ca să moștenesc viață veșnică?

Isus i-a răspuns:

– De ce Mă numești „bun?" Nimeni nu este bun decât Unul: Dumnezeu. Cunoști poruncile: „Să nu ucizi", „Să nu comiți adulter", „Să nu furi", „Să nu depui mărturie falsă", „Să nu înșeli", „Cinstește-l pe tatăl tău și pe mama ta."

El I-a spus:

– Învățătorule, pe toate acestea le-am împlinit încă din tinerețea mea.

Privindu-l, Isus l-a iubit și i-a zis:

– Îți lipsește un singur lucru: du-te, vinde tot ce ai și dă săracilor, și vei avea astfel o comoară în cer. Apoi vino, urmează-Mă!

Mâhnit de aceste cuvinte, a plecat întristat, pentru că avea multe posesiuni.

Isus a privit în jur și le-a zis ucenicilor Săi:

– Cât de greu va fi pentru cei bogaţi să intre în Împărăţia lui Dumnezeu!

Ucenicii au rămas uimiţi de cuvintele Lui. Isus le-a zis iarăşi:

– Copii, cât de greu este (pentru cei ce se încred în bogăţii) să intre în Împărăţia lui Dumnezeu! Este mai uşor să treacă o cămilă prin urechea acului, decât să intre un om bogat în Împărăţia lui Dumnezeu.

Ei au rămas foarte uimiţi şi se întrebau între ei: „Atunci cine poate fi mântuit?"

Isus i-a privit şi a zis:

– Este imposibil pentru oameni, dar nu şi pentru Dumnezeu, căci pentru Dumnezeu toate lucrurile sunt posibile.

Petru a început să-I zică:

– Iată, noi am lăsat totul şi Te-am urmat.

Isus a răspuns:

– Adevărat vă spun că nu este nimeni care să-şi fi lăsat casă, sau fraţi, sau surori, sau mamă, sau tată, sau copii sau ogorul de dragul Meu şi de dragul Evangheliei şi care să nu primească de o sută de ori mai mult acum, în vremea aceasta, case, fraţi, surori, mame, copii şi ogoare, împreună cu persecuţii, iar în veacul care vine – viaţă veş-nică. Dar mulţi din cei dintâi vor fi cei din urmă, iar cei din urmă vor fi cei dintâi.

(Marcu 10:17-31)

Uite care este crudul adevăr: să fi complet dedicat te va costa.

Totuşi, promisiunea lui Dumnezeu este că oricât vei dărui, va fi înmulţit.

Eu și Susan am văzut asta în viețile noastre.

Și L-am văzut pe Dumnezeu făcând asta în viețile a nenumărați alți Kingdom Builders de peste tot din lume.

Așa că, nu fi ca tânărul bogat care nu a putut renunța la tot. Încrede-te în Dumnezeu, lasă-L să fie totul pentru tine și vezi ce se va întâmpla.

ADEVĂRUL DESPRE FINANȚE

Kingdom Builders a început în 1996. Biserica Hillsong exista de 14 ani și avea un singur campus în Australia. Totuși, Hillsong era cunoscută la nivel global chiar și pe vremea aceea, datorită muzicii ei. Astăzi, suntem o biserică globală care are impact local în New York, Los Angeles, Londra, Stockholm, Moscova, Barcelona, Buenos Aires, și multe alte orașe peste tot în lume.

Eu personal cred că asta se datorează în mare parte credincioșilor care sunt Kingdom Builders.

Dăruirile peste ceea ce este obișnuit definesc Kingdom Builders. Când a fost vorba de a duce Hillsong la nivel global, acesta a fost factorul care a făcut diferența.

Am învățat că dacă nu poți fi generos când ai puțin, nu vei fi niciodată generos când ai mult.

Am întâlnit oameni de peste tot care au spus, „Când voi ajunge la nivelul acesta financiar, voi deveni Kingdom Builder."

Și când ei ajung la nivelul dorit, nu dăruiesc.

De ce?

Pentru că e vorba de o sumă prea mare.

Adevărul despre finanţe e că nu sunt limitate. Dar mulţi cred că sunt. Aşa că nu trăiesc o viaţă de generozitate.

Poate acesta eşti tu.

Poate nu ştii adevărul despre finanţe.

Poate nu realizezi că Dumnezeu are robinetul deschis la maxim. El se uită după oameni care deja trăiesc o viaţă de generozitate, pentru că poate avea încredere în ei că vor continua să dea proporţional.

Poate nu ai prea mult din cauză că nu se poate avea încredere în tine cu mult.

Altă minciună pe care diavolul vrea să o crezi e că trebuie să fii bogat pentru a da.

În Kingdom Builders nu este vorba despre daruri egale, ci despre sacrificii egale. Nu este vorba despre mărimea cecului pe care îl scrii, ci despre mărimea sacrificiului pe care îl faci. O persoană care lucrează din greu pentru a-şi susţine familia este la fel de capabilă să scrie un cec ce reprezintă un sacrificiu ca un individ care deţine o afacere mare. Este o concepţie greşită să percepi dărnicia în sume de bani.

Acesta este genul de confuzie pe care diavolul vrea să o implementeze în mintea ta.

Sacrificiu egal înseamnă condiţii de competiţie echitabile. Numerele sunt irelevante.

Dumnezeu te va testa în puţinul pe care îl ai şi îţi va da ocazia să fii credincios cu puţin. Te va testa în puţin mai mult şi îţi va da ocazia să fii credincios cu mai mult. Apoi te va testa cu mult mai mult şi din nou îţi va da oportunitatea să fii credincios.

PLANUL DIAVOLULUI

Diavolul urăşte să vadă că reuşeşti. Va face orice pentru a te distrage, dezamăgi şi controla.

Scopul său final e să te ucidă.

Când vine vorba de creştini, diavolul şi-a dat seama că cel mai uşor e să ne controleze. Şi cea mai sigură cale este prin intermediul finanţelor.

Dacă nu faci un efort...

Dacă nu faci o diferenţă...

Dacă nu cucereşti terenuri noi...

Dacă nu faci paşi în credinţă...

Atunci diavolul nu are de ce să te deranjeze din lumea ta mică şi sigură. Din lumea ta mică şi confortabilă.

Pot să îţi spun care e cel mai înspăimântător loc în care un creştin se poate afla? Cel mai înspăimântător loc pentru un creştin este acela unde se simte confortabil.

Şi crede-mă, ştiu cum e. Pot să spun asta cu încredere pentru că acolo m-am aflat pentru 31 de ani. Până m-am decis să fac o schimbare.

Nu ştiu ce vrei tu, dar eu nu am să-l las pe diavolul să mă controleze. Nu vreau să trăiesc o viaţă mică şi sigură. Nu vreau să fiu mulţumit cu stilul acesta de viaţă.

Nu.

Vreau să trăiesc o viaţă unde Dumnezeu trebuie să intervină. Vreau să primesc ceea ce El a promis. Vreau să trăiesc o viaţă complet dedicată, cu entuziasm.

Scriptura ne învaţă că planul diavolului este să fure, omoare şi să distrugă. Dar vestea bună este că planul lui Dumnezeu este să ne dea viaţă din plin – o viaţă ce abundă în har şi provizii (citeşte Ioan 10:10). De aceea trebuie să conştientizezi a cui plan îl trăieşti tu astăzi.

TREZIREA

Biserica din lumea întreagă experimentează trezire acum.

Am văzut asta cu ochii mei.

Oamenii se trezesc şi trăiesc planul lui Dumnezeu pentru vieţile lor. Slujesc, dăruiesc şi sacrifică pentru a înainta Împărăţia.

Şi tu ai oportunitatea de a fi parte din planul lui Dumnezeu. De a fi un Kingdom Builder.

Dumnezeu m-a învăţat că trezirile nu au legătură cu întâlnirile noastre. Nu au legătură cu activităţile noastre. Nu au legătură cu entuziasmul.

Dumnezeu mi-a arătat că trezirea are legătură cu inima individului. Şi cel mai uşor mod de a vedea ce este în inima unui om este să te uiţi la roadele vieţii lui.

Isus spune trei lucruri despre cei care se încred în El – adevăraţii Săi ucenici:

Îi veţi cunoaşte prin faptul că ascultă de învăţăturile Lui.

Îi veţi cunoaşte prin faptul că se vor iubi unii pe alţii.

Şi îi veţi cunoaşte prin roadele vieţilor lor.

Trezirea are legătură cu inima ta predată, complet dedicată, pe deplin transformată de Sursa cea Adevărată.

Ce spune roada vieţii tale despre credinţa ta? Aminteşte-ţi: în Kingdom Builders este vorba despre inimă. Este vorba despre a trăi o viaţă de generozitate.

A fi o binecuvântare pentru că tu ai fost binecuvântat. Nu este vorba despre finanțe.

Este despre a da dintr-un loc de abundență.

A da făcând un sacrificiu.

A da fără așteptări.

Când vei înțelege acest principiu și adevăr, vei dori să te implici. Vei deveni o conductă mai mare pentru binecuvântarea lui Dumnezeu. Și viața ta va fi schimbată radical.

Oameni vor vedea clar că ceva s-a schimbat în tine.

Termenul „revival" [tradus „trezire"] înseamnă [în original] să „trăiești din nou."

Oamenii vor vedea ascultarea ta, dragostea ta și roadele vieții tale. Vei fi din nou plin de viață. Cu adevărat al lui Dumnezeu. Iar viața ta va fi marcată de generozitate.

PRIORITĂȚI ȘI PLANIFICARE

———

Priorităţile mele s-au schimbat când Dumnezeu mi-a transformat inima.

Cel mai mare regret al meu e că am ratat primii ani de viaţă ai copiilor mei. Lucram până la epuizare bazându-mă doar pe propriile-mi puteri. Am ignorat faptul că eram soţ şi tată mai întâi.

Astăzi, prin faptul că Îl urmez pe Dumnezeu, prin rugăciune şi disciplină, nu mai lucrez în zilele de Luni sau Miercuri. Lunea o petrec cu Susan. Iar Miercurea o petrecem cu nepotul nostru, Dallas. Nu lucrez în acele două zile. Le-am pus deoparte pentru familie.

Nu îmi voi repeta greşelile.

De ce?

Pentru că priorităţile mi s-au schimbat.

Tot ceea ce fac acum este cu un scop.

Iar scopul meu este să finanţez Împărăţia.

Pentru a face asta, şi pentru a o face bine, trebuie să îmi menţin viaţa în ordine. Trebuie să Îl ţin pe Dumnezeu pe primul loc. Trebuie să am grijă de familia mea. Trebuie să iau decizii în acord cu cine spun că sunt şi ceea ce spun că cred.

Asta arată diferit pentru fiecare persoană și familie în parte și toți suntem în etape diferite ale vieții, cu circumstanțe diferite. Dar toți trebuie să ne stabilim prioritățile și să ne planificăm viețile în acord cu ele.

CELE PATRU PRINCIPII
ALE LUI DENTON

Zilnic. Intențional. Disciplinat. Decizii.

Zilnic înseamnă să îți știi scopul. Când ești într-o misiune, ești implicat 24/7, 365 de zile pe an.

Nu există zile libere.

Aceasta este viața ta. Una singură. Tot ceea ce faci este cine ești tu cu adevărat.

Nu există o balanță între lucru și viață. Când trăiești cu un scop, ești ceea ce ești. Indiferent unde te afli, trăiești fiecare zi plin de viață și cu scop.

Ce înseamnă a fi intențional pentru mine?

Intențional înseamnă în mod voit. Intențional înseamnă că voi fi pro-activ, nu reactiv. Intențional înseamnă că eu îmi stabilesc programul și nu voi lăsa pe altcineva să facă asta. Intențional înseamnă să îmi planific fiecare zi, săptămână, lună, an și următorii cinci ani din viața mea.

Înseamnă că nu las ca lucrurile doar să se întâmple. Ci lucrez cu scop, împreună cu Dumnezeu, pentru a crea o viață care este plăcută Lui și care Îl glorifică.

Mă refer la fiecare aspect al vieții mele. Nu doar afacerea mea. Dar și familia și prieteniile mele. Îmi structurez totul în jurul scopului meu.

Dacă nu am un plan, viața se va desfășura aleatoriu și voi zbura de la un dezastru la altul.

Am descoperit pe parcursul anilor că mulți oameni sunt foarte buni la a-și face un plan, dar se împiedică când trebuie să îl analizeze. Ei rămân blocați pe lucrurile greșite.

Fundamental nu este planul. Intenția din spatele planului este ceea ce contează cel mai mult.

Hai să ne uitam la sănătatea mea, de exemplu. Urăsc să fac exerciții. Dar am ales să fac ciclism pentru că este folositor pentru mine în nenumărate moduri. Am găsit în asta camaraderie și responsabilitate. Sunt intențional când vine vorba de a face exerciții cu prietenii mei.

Dacă știi câte ceva despre ciclism știi că trebuie să știi să îți stabilești un traseu, să îți cunoști rata bătăilor inimii și să știi ce trebuie să mănânci astfel încât să ai suficiente calorii de ars. Odată ce ai stabilit acestea, disciplinarea începe cu o noapte înainte.

În noaptea aceea trebuie să îmi verific bicicleta pentru a mă asigura că funcționează bine, că bateriile pentru lumini sunt încărcate, cauciucurile sunt umflate; trebuie să îmi pregătesc tot echipamentul și trebuie să mă asigur că alarma este setată pentru ora cinci dimineața.

Dar adevărata disciplină este să merg la culcare devreme.

Maniera asta zilnică, intențională și disciplinară este ceea ce asigură că atunci când alarma sună la ora cinci, eu pot lua o decizie. O decizie înțeleaptă. Decizia de a mă ridica din pat, de a mă urca pe bicicletă și de a merge pe ea.

Dacă nu m-aş pregăti cu o noapte înainte, atunci nu aş putea să îmi ating scopul pentru sănătatea mea.

Dacă mă trezesc dimineaţa fără să mă pregătesc cu o noapte înainte şi cauciucul e dezumflat, ce pot să mai fac atunci?

Nu pot decât să mă duc înapoi în pat.

Pentru că e prea greu.

Dar atunci când mă trezesc şi totul este pregătit, pot să mă îmbrac repede şi am plecat – e uşor.

Lecţia pentru tine este aceasta: fă munca necesară dinainte pentru a trăi o viaţă condusă de scop, fără a-ţi găsi scuze sau opţiuni pentru a te retrage.

Cele patru principii ajută la a lua o decizie înţeleaptă – nu una proastă.

Biblia spune clar că înţelepciunea este de bază şi este mai de preţ decât bogăţiile – aşa că în tot ceea ce acumulezi, acumulează înţelepciune.

Până acum am împărtăşit din înţelepciunea mea. Este a mea pentru că am pus-o în practică. Pentru tine este doar informaţie până când o pui în practică. Aici intervine disciplina. Disciplina este unealta care transformă informaţia în înţelepciune!

VACANŢELE CU FAMILIA

Eu aplic acelaşi principiu şi când vine vorba de vacanţele cu familia. Acum 24 de ani, după 8 ani de muncă fără întrerupere, am luat hotărârea să nu mai las să treacă nici o vacanţă până nu o rezerv pe următoarea.

Atunci, demult, am realizat că singurele mele amintiri cu familia erau cele din vacanțe. De Luni până Vineri era o corvoadă. Aveam câteva amintiri de la zile de naștere și câte o aniversare pe ici colo. Dar vacanțele cu familia sunt cele mai importante pentru noi.

Chiar și astăzi, eu și Susan încercăm să avem câte o vacanță cu familia când putem. Planificăm împreună și facem rezervările împreună.

De ce?

Pentru că vrem să trăim o viață intențională.

Până la urmă, ce e important legat de aceste patru principii e asta: nu ai decât o singură viață. Nu fi neglijent cu ea.

Eu obișnuiam să fac asta. Acum trăiesc cu scop.

PLANIFICAREA DILIGENTĂ

Isus spune o poveste în Evanghelia după Luca despre costul uceniciei:

> Împreună cu El mergeau mulțimi mari de oameni. El S-a întors și le-a zis: „Dacă vine cineva la Mine și nu-și urăște tatăl, mama, soția, copiii, frații, surorile, ba chiar însăși viața sa, nu poate fi ucenicul Meu. Oricine nu-și duce crucea lui însuși și nu vine după Mine, nu poate fi ucenicul Meu.
>
> Căci cine dintre voi, dacă vrea să construiască un turn, nu stă mai întâi să calculeze costul, ca să vadă dacă are cu ce să-l termine? Pentru ca nu cumva, după ce-i pune temelia, să nu-l poată termina și toți cei care văd aceasta să înceapă să-și bată joc de el și să zică: «Omul acesta a început să

construiască și n-a putut să termine!»

Sau care rege, când pornește la război împotriva altui rege, nu stă mai întâi să se gândească bine dacă poate să i se opună cu zece mii de oameni celui ce vine împotriva lui cu douăzeci de mii?! Dacă nu poate, atunci, în timp ce acesta este încă departe, el îi va trimite un sol ca să ceară pace. Tot așa, oricine dintre voi care nu renunță la toate bunurile lui, nu poate fi ucenicul Meu."

(Luca 14:25-33)

Mulți creștini se consider dăruitori. Dar nu sunt. Poate și tu ești unul dintre ei.

A-ți da zeciuiala nu te face un dăruitor.

Zeciuiala înseamnă să dai înapoi lui Dumnezeu ceea ce este al Lui.

Voi spune din nou: darurile mai presus de ceea ce este obișnuit, darurile care necesită un sacrificiu te transformă într-un dăruitor.

Esența din spatele a ceea ce Isus învață aici este estimarea costului. A trăi disciplinar. A trăi intențional. Și a lua decizii înțelepte. Mai ales financiar.

Asta este extrem de important dacă vrei să fii un Kingdom Builder.

Pastorul meu, Brian, vorbește despre a da în mod periculos, dar nu stupid. Noi vorbim despre planificarea diligentă în afaceri, ceea ce presupune luarea de decizii calculate.

Când iau o decizie în afaceri, întâi cercetez. Îmi fac temele și încerc să iau o decizie informată. Odată ce am 75% din informație, mă simt încrezător să fac o mișcare. Pentru că dacă aștepți până ai 100% din informație e prea târziu. Pierzi oportunitatea. Dar în același timp nu iei o decizie când ai doar 7,5% din informație; asta ar fi o mișcare proastă.

Majoritatea creștinilor vor să aibă 100% din informație înainte de a lua o decizie.

Am văzut mulți creștini binevoitori care au luat decizii greșite. Oameni care zic, „Voi da un milion de dolari la biserică." Dar ei câștigă doar 100.000 de dolari pe an. Asta este o prostie. Iar Dumnezeu nu onorează prostiile.

Dumnezeu onorează credincioșia.

De aceea eu îi încurajez pe oameni să se dedice să ofere 75% din ceea ce ei pot asigura și să se încreadă în Dumnezeu pentru cei 25% de care mai au nevoie. Dar nu fă o promisiune știind că tu poți acoperi doar 7,5% și așteptând ca Dumnezeu să acopere 92,5% din sumă.

Aceasta nu este credință. Este ignoranța.

SLUJIM UN DUMNEZEU DE ÎNCREDERE

În perioada de opt ani de când am scris cecul de 5.000 de dolari până când l-am scris pe cel de 1.000.000 de dolari, Dumnezeu și-a făcut simțită prezența din nou și din nou.

De aceea nu poți să îmi spui că noi nu slujim un Dumnezeu de încredere.

Când eu și Susan am decis să ne încredem în Dumnezeu complet, să fim complet dedicați, a trebui să luam niște decizii în credință.

Dumnezeu mi-a demonstrat în ultimii 24 de ani că El este de încredere. Cred că noi putem vedea doar o mică parte. Din nou și din nou, Dumnezeu a fost cu noi. Nu am știut de fiecare dată cum El va interveni.

Obișnuiam să mă îngrijorez. Obișnuiam să fiu anxios. Dar acum, după atâția ani, știu că Dumnezeu va interveni de fiecare dată. Au fost așa de multe situații când totul părea un dezastru și apoi Dumnezeu a apărut. Din nou, și din nou, și din nou.

Și dacă Dumnezeu face asta în viața mea și în viața lui Susan, cred cu adevărat că El va interveni și în viața ta.

Dar, trebui să faci pași în credință.

Trebuie să fii complet dedicat Lui.

Nu poți să tot încerci să faci totul în propria ta putere.

Este un pasaj important în Vechiul Testament care exprimă exact ce încerc eu să comunic aici:

> „Așa vorbește Domnul:
> «Înțeleptul să nu se laude cu înțelepciunea lui,
> cel tare să nu se laude cu tăria lui,
> iar cel bogat să nu se laude cu bogăția lui,
> ci, cel ce se laudă să se laude
> că Mă înțelege, că Mă cunoaște
> și că știe că Eu sunt Domnul Care arăt îndu-
> rare și Care înfăptuiesc judecată și dreptate pe
> pământ, fiindcă în acestea Îmi găsesc Eu plăcerea,
> zice Domnul.»"

(Ieremia 9:23-24)

La acest tip de viață te cheamă Dumnezeu dacă vrei să fii un Kingdom Builder. O viață unde mărturia ta – singura ta poveste de viață – se rezumă la faptul că tu Îl cunoști pe Dumnezeu și înțelegi cine este El.

Nu e vorba că ești mai deștept decât alții.

Nu că ești mai puternic decât alții.

Nu.

Singurul lucru care contează e să îți construiești viața în jurul relației tale cu Dumnezeu și în jurul promisiunilor Sale pentru tine.

Aceasta este mentalitatea unui Kingdom Builder.

Este Dumnezeu de încredere?

Cu siguranță! Dar depinde de tine să trăiești în fiecare zi în acest adevăr.

Toate relațiile sănătoase se bazează pe încredere. Și asta este cu mult mai adevărat în ceea ce privește relația cu Dumnezeu. Dacă te încrezi în El, vei crede în Cuvântul Său.

Isus a spus:

> „Veniți la Mine, toți cei trudiți și împovărați, și Eu vă voi da odihnă! Luați jugul Meu asupra voastră și învățați de la Mine, pentru că Eu sunt blând și cu inima smerită și astfel veți găsi odihnă pentru sufletele voastre! Căci jugul Meu este bun, iar povara Mea este ușoară.“

> **(Matei 11:28-30)**

Ce spune Isus aici?

Că poți avea încredere în Dumnezeu.

Că El are grijă de tine.

Că El va purta de grija tuturor lucrurilor pentru care tu ai lucrat din greu.

Că El știe exact ce ai nevoie. Ce cauți tu cu adevărat. Și

că viața aceea din plin pe care El o promite, este posibilă doar dacă Îl urmezi pe El.

Nu știu ce vrei tu, dar aceasta este viața pe care eu mi-o doresc. Este viața pe care am descoperit-o prin faptul că am ales să fiu complet dedicat ca Kingdom Builder.

ÎNAINTÂND ÎNAPOI

Unul din mandatele Bisericii Hillsong este de a susține Biserica locală. Este un lucru specific Împărăției. Nu doar specific Bisericii Hillsong. Și mă refer la Biserica cu „B” mare. De aceea nu aparțin nici unei alte biserici.

Un lucru pe care Dumnezeu mi l-a arătat încă de la început a fost că eu nu am forțat niciodată lucrurile.

Nu am cerut să vizitez alte biserici și, totuși, Dumnezeu m-a dus în jurul lumii pentru a-mi spune povestea.

Uimitor, programul meu este mereu plin.

Înțelegerea mea cu Dumnezeu e aceasta: mă voi duce oriunde mă cheamă un pastor. Oriunde în lume. Singurul lucru pe care îl cer bisericilor pe care le vizitez este să acopere costurile de călătorie. Ocazional, primesc un onorariu, dar nu acesta este motivul pentru care merg.

Nu sunt plătit pentru a duce mesajul Kingdom Builders în lume.

Fac asta pentru că pot. Pentru că afacerea mea este flexibilă și îmi permite asta. Fac pași în credință datorită lucrurilor pe care le știu.

Aș putea să merg toată ziua la surf și să petrec timp cu nepotul meu. Au fost oameni care mi-au spus că mi-am câştigat dreptul acesta. Dar ştiu în inima mea, că ştiu prea mult.

Am văzut atât de mult.

Cred că celor ce le este dat mult, li se cere mult (citeşte Luca 12:48). Şi acest meseriaş Australian care a renunţat la scoală, a primit mult. Aşa că am multe de dat.

Trebui să merg şi să fac asta, pentru că scopul meu este Împărăţia.

Nu m-am oprit din a scrie cecuri.

Nu m-am oprit din a sluji.

Nu am renunţat la afacerea mea.

Pur şi simplu am devenit complet dedicat lui Dumnezeu pentru a înainta Împărăţia Sa.

BISERICA PE CARE O VĂD

În 1993, pastorul meu, Brian Houston, a scris aceste cuvinte:

> Biserica pe care o văd este o Biserică cu influenţă. O Biserică atât de mare încât oraşele şi naţiunile nu o pot ignora. O Biserică ce creşte atât de repede încât clădirile nu o mai pot încăpea.
>
> Văd o Biserică a cărei închinare atinge Cerul şi schimbă pământul; închinare ce influenţează modul în care oamenii se închină pe tot pământul, înălţându-L pe Cristos cu cântece puternice de credinţă şi speranţă.
>
> Văd o Biserică ale cărei altare sunt mereu pline de păcătoşi ce se pocăiesc, răspunzând chemării lui Cristos la mântuire.
>
> Da, Biserica pe care o văd este atât de dependentă

de Duhul Sfânt încât nimic nu o va opri și nu îi va sta împotrivă; o Biserică ai cărei oameni sunt uniți, se roagă și sunt plini de Duhul lui Dumnezeu.

Biserica pe care o văd comunică un mesaj atât de clar încât viețile sunt schimbate pentru totdeauna și potențialele sunt împlinite prin puterea Cuvântului Său; un mesaj transmis oamenilor prin ecranele de televizor.

Văd o Biserică atât de plină de compasiune încât oamenii sunt atrași din situațiile lor imposibile într-un cerc al speranței, prieteniei și iubirii, unde sunt acceptați și găsesc răspunsurile de care au nevoie.

Văd oameni cu o mentalitate a Împărăției, care vor estima costul și vor plăti orice preț pentru a vedea trezirea venind peste pământ.

Biserica pe care o văd este o Biserică dedicată atât de mult să crească, să instruiască și să împuternicească o generație de lideri care vor culege roadele zilelor din urmă încât fiecare lucrare va fi condusă de acest scop.

Văd o Biserică al cărei cap este Isus, al cărei ajutor este Duhul Sfânt și a cărei atenție va fi Marea Trimitere.

DA, BISERICA PE CARE O VĂD AR PUTEA FOARTE BINE FI BISERICA NOASTRĂ – BISERICA HILLSONG.

Despre asta este misiunea Kingdom Builders.

Susținerea bisericii locale, condusă de pastori locali, schimbând vieți în comunitatea locală.

Vezi tu, Dumnezeul pe care noi Îl slujim este fan al „celor mai neînsemnați" și al „celor care nu au." În istorie, El a fost mereu Dumnezeul celor defavorizați.

De la Moise la David, vedem cum Împărăția „înaintează înapoi" în Vechiul Testament. Dumnezeu a ales o națiune neînsemnată și a făcut-o poporul Său. Ei erau sclavi, erau bătuți, fără unitate și rătăcitori pentru generații întregi până când Dumnezeu Însuși Și-a făcut apariția într-o iesle cu fân.

Salvatorul mult așteptat a fost dăruit unui cuplu necăsătorit, în cel mai neașteptat loc. Împăratul Împăraților este Fiul unui meseriaș ca și mine. Tatăl Său, Iosif, era un tâmplar. Mama lui era o adolescentă. Și ei fugeau să scape de un rege nebun.

Dacă Scriptura ne învață ceva, e că Dumnezeu face lucruri de neimaginat cu oameni neașteptați.

Povestea Bisericii Hillsong este o dovadă a cum lucrează Dumnezeu. Acum douăzeci și trei de ani eram o biserică cu o singură clădire în suburbiile din Vestul Sydney-ului. O comunitate de credincioși mică, pe care majoritatea oamenilor nu ar fi putut să o localizeze pe hartă.

Astăzi ne aflăm în mai mult de 30 de țări, 120 de locații, cu peste 300 de programe de închinare în fiecare weekend și creștem în fiecare an.

Și eu cred ca suntem abia la început.

ÎNAINTÂND ÎMPĂRĂȚIA

În Evanghelia după Matei, primim o perspectivă interioară în ce privește descrierea Împărăției lui Dumnezeu, făcută de Isus:

„Împărăţia Cerurilor este ca o comoară ascunsă într-un ogor. Omul care o găseşte, o ascunde şi, de bucurie, se duce şi vinde tot ce are şi apoi cumpără ogorul acela.

De asemenea, Împărăţia Cerurilor este ca un negustor care caută mărgăritare frumoase. Când găseşte un mărgăritar foarte preţios, se duce şi vinde tot ce are, iar apoi îl cumpără.

Sau Împărăţia Cerurilor este ca un năvod care a fost aruncat în mare şi în care au fost prinşi tot felul de peşti. Când este plin, pescarii îl scot pe ţărm, se aşază şi adună peştii buni în vase, iar pe cei răi îi aruncă afară.

Tot aşa va fi şi la sfârşitul veacului: îngerii vor ieşi, îi vor separa pe cei răi din mijlocul celor drepţi şi-i vor arunca în cuptorul de foc. Acolo va fi plânsul şi scrâşnirea dinţilor!

Aţi înţeles voi toate aceste lucruri?

– Da, i-au răspuns ei.

El le-a zis:

– De aceea, orice cărturar care a fost instruit cu privire la Împărăţia Cerurilor este ca stăpânul unei case, care scoate din vistieria lui lucruri noi şi lucruri vechi.”

(Matei 13:44-52)

Da. Pentru Împărăţia lui Dumnezeu merită să vinzi tot ce ai. Precum comoara din ogor şi mărgăritarul preţios, când ochii îţi sunt deschişi spre scopul Împărăţiei, nu vei mai fi niciodată la fel.

Poate ai realizat că Isus foloseşte cuvântul ascuns. Eu cred că e din cauză că prea puţini creştini realizează că

Isus vorbeşte despre ceea ce este înăuntrul lor. Cred că Dumnezeu vede potenţial în inimile oamenilor. Ştiu că El a văzut potenţial în acest Australian mare şi urât, înainte ca eu să îl pot vedea.

Şi cred că astăzi, Împărăţia este ascunsă în văzul tuturor. Când, în sfârşit, ochii tăi se vor deschide, ca şi ai mei, atunci totul se va schimba.

Viaţa ta va fi întoarsă pe dos.

Vei avea claritate despre ce înseamnă să trăieşti viaţa „cea bună."

Vei avea înţelepciune pentru a înţelege ce ai nevoie şi cum să îi ajuţi pe alţii. Aceasta este Viaţa în Împărăţie. Acesta este scopul pe care eu îl căutam acum 24 de ani.

Şi vieţile noastre nu au mai fost la fel de atunci.

Sigur, a fost greu.

Dar fiecare pas pe drumul acesta a meritat.

Şi am învăţat că fiecare pas este un pas în credinţă.

„Credinţă" este cuvântul spiritual pentru încredere. Şi atunci când faci un pas mic în credinţă, declari că ai încredere în Dumnezeu. Că El este Sursa ta.

Cu fiecare pas mic în credinţă te îndepărtezi de încercarea de a face totul prin propria ta putere, şi te apropii de modul Împărăţiei de a face lucrurile.

Aşa că, fă un pas în credinţă şi slujeşte activ în biserica ta locală.

Fă un pas în credinţă şi începe să îţi dai zeciuiala.

Fă un pas în credinţă şi sacrifică din timpul şi resursele tale.

Fă un pas în credinţă şi susţine-ţi pastorul.

Fă un pas în credinţă şi renunţă la orice ar putea să te

oprească din a trăi viaţa la care te cheamă Dumnezeu.

Treci de la a fi implicat la a fi complet dedicat.

Nu ai decât viaţa asta. De ce să o iroseşti pe lucruri lumeşti? De ce să o iroseşti încercând să îţi construieşti mica ta împărăţie? De ce să o iroseşti pe lucruri efemere?

Trezeşte-te.

Întoarce-te.

Şi îndreaptă-te în direcţia opusă.

La asta mă refer când zic să înaintezi înapoi.

ÎNAINTAREA NU VA AVEA ÎNTOTDEAUNA SENS

În Vechiul Testament există o întâmplare unde Israel se pregătea să meargă la război (citeşte Judecători 7). Ghedeon era liderul şi conducea o armată de 32.000 de bărbaţi. Pentru a-Şi demonstra puterea, Dumnezeu i-a poruncit lui Ghedeon să trimită o parte din armată acasă.

Aşa că, Ghedeon a trimis 22.000 de oameni acasă.

Dumnezeu nu era mulţumit încă. El i-a poruncit lui Ghedeon să îi testeze pe cei 10.000 de bărbaţi rămaşi.

Dumnezeu i-a spus să ducă bărbaţii la apă. Majoritatea dintre ei (9.700) au îngenunchiat să bea apă, dar 300 dintre ei au lipăit cu limba, ducând apa la gură cu mâna.

Dumnezeu i-a spus lui Ghedeon să îi păstreze doar pe cei 300.

Un detaliu pe care trebuie să-l ştii e că duşmanii lui Israel erau Madianiţii. Armata lor era de 120.000.

Ai citit corect. Chiar şi cu numărul iniţial de luptători,

Ghedeon avea dezavantajul de a lupta 1 la 4.

Dar adu-ţi aminte, Dumnezeul nostru este un Dumnezeu al celor defavorizaţi. El poate face mult mai mult decât noi ne putem imagina.

Şi Dumnezeu a continuat să scadă şansele lui Ghedeon până la 1 la 400 de soldaţi.

Din punct de vedere matematic, nu are sens. Dar asta este minunat la Dumnezeu. El nu are nevoie de numere.

El nu are nevoie ca şansele să fie în favoarea Lui.

Nu.

El caută oameni pregătiţi să înainteze în credinţă. Chiar şi când pare imposibil. Când pare puţin probabil. Sau chiar pare că merg înapoi.

În acea zi, 300 de oameni aleşi ai lui Dumnezeu au învins 120.000 de inamici.

Îmi aminteşte de Kingdom Builders.

Dumnezeu vrea să facă imposibilul în viaţa ta. El aşteaptă să vadă dacă tu vei fi o persoană pe care El o poate folosi. Dacă eşti gata să sacrifici şi să faci un pas în credinţă.

Şi apoi încă unul.

Şi apoi încă unul după acela.

Am realizat că majoritatea creştinilor vor fi ca cei 31.700 care au fost trimişi acasă. Dar centrul nucleului-Kingdom Builders— va înainta Împărăţia sacrificând.

Nu ştiu ce vrei tu, dar eu vreau să fiu o persoană pe care Dumnezeu o poate folosi. Vreau să fac paşi în credinţă în fiecare zi. Vreau să Îl văd pe Dumnezeu făcând imposibilul în viaţa mea şi în vieţile copiilor mei.

Nu vreau să fug de oportunităţi şi binecuvântare.

Eu și Susan vrem să fim oameni ai credinței care se încred în Dumnezeu în vremurile bune, dar și în cele rele. Oameni care avansează Împărăția chiar și atunci când ni se pare că mergem înapoi.

Și știu că nu va avea sens întotdeauna. Dar de aceea se numește credință.

Am avut un vecin care de fiecare dată când mă vedea îmi spunea, „Denton, vreau să am viața ta."

Omul acesta habar nu avea de sacrificiile și durerile prin care eu și Susan trecuserăm, dar cred că el putea vedea clar ceva diferit în noi. Cred că putea vedea binecuvântarea de a-L avea pe Dumnezeu în viețile noastre.

Bănuiesc că putea vedea Împărăția ascunsă în noi.

PARTENERII

SOȚIA MEA

Soția mea, Susan, a fost forța de acțiune încă de la început. Eram la începutul căsniciei noastre, fiind parte din Kingdom Builders doar de vreo doi ani și având copii mici, dar ne doream să creștem în dedicarea noastră de a dărui.

Adu-ți aminte, eu eram doar un instalator. Era tot ceea ce știam să fac. Nu aveam alte calificări. Ce altceva aș fi putut face?

Într-o seară, eu și Susan ne-am așezat la masă și am povestit despre cum am putea crește.

Am urmat calea logică de gândire...

Instalatorul lucrează pentru constructor. Constructorul lucrează pentru dezvoltator. Cine câștigă cei mai mulți bani? Dezvoltatorul.

Așa că am zis, „Ok. Haide să facem asta.”

Susan m-a întrebat, „Știm pe cineva care să fie dezvoltator?”

Era un bărbat la noi în biserică care urma să cumpere un teren mare și să construiască un duplex pe el. I-am spus lui Susan despre el și am zis, „Am să-l sun săptămâna următoare să văd dacă ne putem întâlni.”

Susan mi-a răspuns imediat, „Sună-l acum."

I-am răspuns, „Nu pot să îl sun acum. Știu că e la cină la un alt membru al bisericii noastre."

Susan a spus, „Ah. Păi asta e bine. Locuiește câteva case mai jos de noi. Du-te până acolo și vorbește cu el."

Eu am spus, „Nu pot să apar așa dintr-o dată. Acum servește cina."

Susan m-a întrebat, „Vrei să devii dezvoltator sau nu?"

Am condus până la vecinul nostru unde dezvoltatorul lua cina și am bătut la ușă. Vecinul a răspuns și a zis, „Salut Andrew. Cu ce te pot ajuta?"

Eu am zis, „Știi, de fapt, am venit să vorbesc cu musafirul tău."

Vecinul a spus, „El știe că vii?"

Eu am zis, „Nu."

El a spus, „Știi că noi acum mâncăm cina, nu?" Eu am spus, „Da. Va dura doar un minut."

S-a uitat la mine pentru un moment. „Ok. Mă duc să îl chem."

Dezvoltatorul a venit la ușă și a zis, „Salut prietene. Cu ce te pot ajuta?"

Eu am spus, „Uite, eu și Susan vrem să creștem suma pe care o putem dărui și vrem să ne băgăm în dezvoltări imobiliare. Știu că tu faci asta și mă întrebam dacă ai vrea să ieșim la o cafea săptămâna următoare?"

S-a gândit pentru o secundă și apoi mi-a răspuns, „Am evaluat astăzi un proiect. E prea mare pentru mine. Și e prea mare chiar și pentru noi doi. Știi încă o persoană interesată?"

Cu reticență am spus, „Da."

El a zis, „Super. Hai să ne vedem mâine la prânz şi vino şi cu cea de-a treia persoană. Acum am să mă întorc la masă să îmi termin cina."

Eu am spus, „Grozav. Merci."

Am mers acasă şi i-am povestit toată conversaţia lui Susan, explicându-i că acum trebuie să mai găsesc o a treia persoană care să vină cu mine.

Ea a zis, „Phillip."

Eu am spus, „Care Phillip?"

Susan mi-a răspuns, „Phillip, fratele tău."

Eu am zis, „Ce-i cu Phillip, fratele meu?"

Şi ea a zis, „El e cea de-a treia persoană."

Eu am spus, „Nu va fi interesat"

Ea a spus, „Întreabă-l."

Phill avea 26 de ani pe atunci. Era deja milionar. Avea mare succes. Era la a treia casă pe care o construia. Toată lumea credea că vinde droguri din cauză că avea o casă aşa de mare, deşi era aşa de tânăr.

Aşa că am mers la Phill acasă şi am bătut la uşă. El a răspuns la uşă şi a zis, „Salut, Andrew. Cu ce te pot ajuta?"

„Uite, eu şi Susan vrem să ne băgăm în dezvoltări imobiliare ca să putem creşte suma pe care o dăruim pentru Kingdom Builders. Am vorbit cu un dezvoltator în seara asta. El are un proiect ce crede că e prea mare pentru doi oameni, aşa că acum caută o a treia persoană. Am întrebat-o pe Susan cine ar putea fi a treia persoană şi ea a sugerat să vorbesc cu tine."

Phill s-a uitat la mine şi a zis, „Vorbeşti serios? Chiar astăzi vorbeam cu Melissa şi ziceam că nu pot să mai continui cu orele astea de muncă în fiecare zi. Ziceam că am nevoie de o afacere care să îmi ofere mai multă flexibilitate şi pe care să o pot face de oriunde."

Conversaţia aceea a avut loc acum 21 de ani. De atunci facem afaceri împreună. Andrew şi Susan, şi Phill şi Melissa.

Ideea acestei întâmplări e următoarea: pur şi simplu am făcut un pas.

Un pas în credinţă.

Şi soţia mea a fost cea care m-a încurajat să acţionez. Cu afecţiune eu îi spun Factorul Susan.

Peste tot în Scriptură, Dumnezeu ne spune că nu e bine ca un om să fie singur. Din Geneza la Proverbe şi până la scrierile lui Pavel din Noul Testament, Dumnezeu vorbeşte despre binecuvântarea de a avea o soţie evlavioasă.

Din nou şi din nou, în viaţa noastră, Susan s-a rugat şi a stat alături de mine la fiecare pas.

I-a învăţat pe copiii noştri să se teamă de Dumnezeu şi să fie generoşi.

M-a încurajat pe mine să risc, să cresc şi să dăruiesc.

Ea a fost un exemplu de urmat.

Proverbe 31:10-31 vorbeşte despre genul de femeie pe care Dumnezeu o foloseşte pentru a construi Împărăţia:

> Femeia cinstită! Cine o poate găsi?
> Ea este mult mai valoroasă decât mărgăritarele.
> Inima soţului ei se încrede în ea
> şi nu-i va lipsi nimic de valoare.
> Ea îi face bine, nu rău,
> în toate zilele vieţii ei.
> Ea caută lână şi fuior
> şi lucrează cu plăcere cu înseşi mâinile ei.
> Ea este ca o corabie de negoţ;
> de departe îşi aduce hrana.

Ea se scoală când este încă întuneric,
    dă hrană familiei sale
    şi ceea ce este rânduit – slujnicelor sale.
Ea se gândeşte la un teren şi îl cumpără;
    din venitul câştigat plantează o vie.
Ea se încinge cu putere
    şi îşi întăreşte braţele.
Ea simte că negoţul îi merge bine
    şi candela ei nu se stinge noaptea.
Saltă furca de tors cu mâna
    şi prinde fusul cu degetele ei.
Ea îşi deschide braţele pentru cel sărac
    şi îşi întinde mâinile către cel nevoiaş.
Când ninge, ea nu se teme pentru familia ei,
    pentru că toată familia ei este îmbrăcată în
    stacojiu.
Ea îşi face cuverturi;
    are haine de in subţire şi purpură.
Soţul ei este respectat la porţile cetăţii,
    când stă printre bătrânii ţării.
Ea face haine de lână, apoi le vinde
şi dă cingători negustorilor.
Se îmbracă în putere şi demnitate
    şi râde de ziua de mâine.
Vorbeşte cu înţelepciune
    şi învăţături plăcute sunt pe limba ei.
Ea veghează asupra căilor familiei sale
    şi nu mănâncă pâinea lenevirii.
Fiii ei se ridică în picioare şi o numesc
binecuvântată,
    cum, de altfel, şi soţul ei o laudă:
„Multe femei fac lucruri nobile,
    dar tu le întreci pe toate!“
Farmecul este înşelător şi frumuseţea este

trecătoare,
>> dar femeia care se teme de Domnul va fi lăudată.
> Apreciați-o pentru rodul muncii ei
>> și faptele ei s-o laude la porțile cetății!

Așa este Susan. Ea a fost trimisă de Dumnezeu și a devenit prietena mea cea mai bună încă din adolescență. Nu îmi pot imagina viața fără ea.

Când am întâlnirile unu-la-unu după discursul despre Kingdom Builders, întotdeauna cer să mă întâlnesc cu cuplurile.

De ce?

Din cauza „Factorului Susan."

Știu că mai sunt și alți Andrew și Susan Denton în lume pe care Dumnezeu îi cheamă să finanțeze Împărăția. Și de obicei, soția primește mesajul prima.

VIZIUNEA LUI SUSAN

Proverbe 29:18 spune:

> Când nu este nici o descoperire, poporul este fără frâu,
>> dar binecuvântat este cel ce împlinește Legea!

Asta rezumă perfect viața mea cu Susan.

Punct.

Viziunea este abilitatea vederii. Literalmente, este a umbla cu Dumnezeu. A-L auzi. Și a trăi răspunzând voii Sale pentru viața mea.

Susan face asta.

Eu fac asta.

Iar rezultatul este că am fost binecuvântați pentru a fi o binecuvântare.

Când am întâlnit-o pe Susan, ea a putut vedea în mine ceea ce eu nu puteam vedea. I-am spus exact așa, „Atâta timp cât am sculele mele și nu trebuie să lucrez cu oamenii, voi fi fericit."

Ea se gândea, „Oh, nu. Asta nu face parte din planul meu de viață. Dar hai să vedem ce poate face Dumnezeu cu acest diamant neșlefuit."

Ea m-a împins să intru într-o afacere de multi-level marketing. Deși nu am avut mult succes în această afacere, Susan știa că urma să plec de acolo cu abilități în afaceri, management și vorbit în public.

Timp de cinci ani, făceam instalații pe timpul zilei, lucram pentru afacerea mea de instalații după-masa, iar seara mă zbăteam pentru cealaltă afacere.

A fost greu.

Dar Susan putea vedea o cale pentru noi să înaintăm. Ea putea vedea mai departe de unde ne aflam la momentul respectiv, spre unde ne chema Dumnezeu să mergem. Ea a realizat că singurul mod în care puteam înainta era să ne oprim din a face lucrurile prin propriile noastre puteri.

Susan era pregătită pentru succes. Și la fel eram și eu.

Cam pe atunci am început să văd și eu ceea ce Dumnezeu îi arătase ei de la început. Am oprit cea de-a treia afacere, m-am smerit și m-am supus chemării lui Dumnezeu pentru noi.

În anul acela a început Kingdom Builders.

JUGUL POTRIVIT

În Geneza vedem că nu e bine ca omul să fie singur. Dumnezeu i-o dă pe Eva lui Adam.

Dumnezeu i-a dat-o pe Susan lui Andrew.

Trebuie să îți spun, Dumnezeu știa că eu voi avea nevoie ca cineva să mă împingă de la spate, să mă încurajeze, să mă iubească și să umble alături de mine. Cineva care să nu mă lase să devin comod. Cineva care să fie la fel de încăpățânat ca mine.

Am învățat că viața nu funcționează la fel de bine fără un egal.

Un partener. Un împreună-lucrător.

Din nou și din nou, Dumnezeu ne-a vorbit. Și mereu am fost pe aceeași pagină. Necurmat am dăruit, am slujit, ne-am închinat și am sădit împreună.

Apostolul Pavel vorbește despre a avea un partener egal:

> Nu vă înjugați la un jug nepotrivit cu cei necredincioși. Căci ce parteneriat poate fi între dreptate și fărădelege? Sau ce părtășie poate fi între lumină și întuneric? Ce armonie poate fi între Cristos și Belial? Sau ce parte au în comun cel credincios cu cel necredincios? Ce înțelegere poate fi între Templul lui Dumnezeu și idoli? Noi suntem Templul Dumnezeului celui Viu, așa cum a spus Dumnezeu:
>
> „Voi locui în ei, voi umbla printre ei
> și voi fi Dumnezeul lor,
> iar ei vor fi poporul Meu.“

(2 Corinteni 6:14-16)

Susan mă descrie ca loial, muncitor şi un prieten bun. Eu o descriu ca generoasă, evlavioasă şi intuitivă.

Aceasta este la fel de mult povestea ei pe cât este povestea mea. De fapt, este povestea paşilor în credinţă pe care i-am făcut împreună. Suntem în aceeaşi echipă. Avem aceeaşi viziune.

Da, viaţa a avut provocările ei.

Da, viaţa nu a fost întotdeauna aşa cum ne-am dorit noi.

Da, am fost frustraţi.

Dar, ne-am încrezut în Dumnezeu.

Şi am avut încredere unul în celălalt.

COPIII COPIILOR MEI

Uite aici doar câteva din promisiunile lui Dumnezeu din Scriptură, de a avea grijă de copiii celor credincioși:

Domnul, Dumnezeul tău va circumcide inima ta și inima urmașilor tăi, ca să-L iubești din toată inima ta și din tot sufletul tău și astfel să trăiești. Domnul, Dumnezeul tău, va face ca toate aceste blesteme să vină asupra dușmanilor tăi, care te prigonesc și asupra celor ce te urăsc.

(Deuteronom 30:6-7)

«Dar oare poate o femeie să-și uite copilul pe care-l alăptează
 sau să nu aibă milă de rodul pântecelui său?
Și chiar dacă ea ar uita,
  Eu nu te voi uita!

(Isaia 49:15)

Toți fiii tăi vor fi învățați de Domnul
 și mare va fi pacea fiilor tăi.

(Isaia 54:13)

„Aşa vorbeşte Domnul:
«Opreşte-ţi plânsul
    şi lacrimile din ochi,
căci munca îţi va fi răsplătită, zice Domnul;
    ei se vor întoarce din ţara duşmanului.
Există nădejde pentru viitorul tău, zice Domnul.
    Fiii tăi se vor întoarce în ţara lor.»

(Ieremia 31:16-17)

Fiul meu, nu uita învăţătura mea,
    ci păstrează în inima ta poruncile mele,
căci ele îţi vor prelungi zilele şi anii vieţii tale
    şi îţi vor adăuga pace.

(Proverbe 3:1-2)

Învaţă-l pe copil calea pe care trebuie să meargă,
    iar când va îmbătrâni nu se va îndepărta de la ea.

(Proverbe 22:6)

Din tinereţea mea şi până la bătrâneţe
    nu am văzut vreun om drept părăsit,
    nici pe urmaşii lui cerşindu-şi pâinea.
El este milos în fiecare zi şi dă cu împrumut,
    iar urmaşii lui vor fi o binecuvântare.

(Psalmul 37:25-26)

Poporul meu, ascultă învăţătura mea!
    Deschideţi-vă urechile la cuvintele gurii mele!
Îmi voi deschide gura cu pilde,
    voi rosti lucruri ascunse din vremuri străvechi,

lucruri pe care le-am auzit, lucrurile pe care le-am
învăţat,
    pe care ni le-au povestit strămoşii noştri.
Nu le vom ascunde de fiii noştri,
    ci vom spune generaţiei următoare
isprăvile demne de laudă ale Domnului,
    puterea şi minunile Lui pe care le-a săvârşit.

(Psalmul 78:1-4)

Cei ce studiază Biblia estimează că sunt aproximativ 3.000 de promisiuni în Biblie. Nu ştiu ce crezi tu, dar pentru mine asta e o veste bună.

Înseamnă că Dumnezeu e de încredere. El vrea să ne binecuvânteze.

Eu şi Susan am văzut asta din nou şi din nou în vieţile copiilor noştri. Am văzut-o în binecuvântarea de a avea două nurori şi un ginere credincioşi.

Şi acum putem vedea promisiunile lui Dumnezeu în vieţile nepoţilor noştri.

Îmi petrec fiecare zi de Miercuri cu nepotul Dallas. Mă refer că fiecare zi de Miercuri el o petrece cu bunicul său. Nu mi-am dat seama niciodată ce am ratat cât au fost copiii noştri mici. În toate orele acelea investite pentru a ne face o viaţă mai bună, am ratat adevărata viaţă. Şi am decis să nu mai repet niciodată greşeala aceasta. Nu pot descrie în cuvinte ce binecuvântare sunt nepoţii.

FAMILIA DENTON

Dacă ai petrecut ceva timp la campusul nostru principal din Sydney, cu siguranță ai întâlnit pe cineva din familia mea. Suntem mulți. Tatăl meu a fost unul dintre pastori, noi toți, copiii lui, suntem implicați și la fel și copiii noștri.

La fel și cei trei oameni care au devenit ai noștri prin căsătoriile copiilor noștri...

Jono s-a căsătorit cu o americană, Kmy. Ea este o femeie a lui Dumnezeu din Texas. A venit aici pentru Colegiul Biblic Hillsong, iar Jono a curtat-o insistent. Ea spune că l-a acceptat din cauza familiei noastre. În momentul în care a intrat în casa noastră a simțit că este acasă. Și deși ei chiar îi plăcea de Jono, Kmy spune că faptul că ne-a cunoscut pe noi, familia, a convins-o să înceapă să iasă cu el la întâlniri.

Inițial, Elisabetta a intrat în familia noastră ca prietena lui Anna. Apoi s-a mutat, dar când s-a întors s-a îndrăgostit de cel de-al doilea fiu al nostru, Mitch. Pe ea a atras-o cât de muncitori și credincioși erau copiii noștri, în mod special Mitch. Și ea a fost un dar special pentru familia noastră de când au început să fie împreună.

Iar apoi e Ehsan, soțul lui Anna. Așa cum simt majoritatea taților, nici un bărbat nu avea să fie suficient de bun pentru fetița mea. Dar Ehsan se apropie de standard. Învață. L-am întâlnit la un eveniment Kingdom Builders. A lucrat puțin cu mine la casă. Și așa se pare că el a observat-o pe Anna și ea l-a observat pe el, dar lui îi era frică să ceară numărul ei de telefon. Așa că i l-am dat eu. Și nu a pierdut oportunitatea.

Poţi să îi întrebi pe copiii noştri şi pe partenerii lor şi ei îţi vor spune că familia Denton e cunoscută pentru dedicarea faţă de biserică şi pentru cât de apropiaţi suntem unii de alţii.

Întotdeauna am încercat să menţinem un front unit pentru copiii noştri.

I-am iubit disciplinându-i. Şi am avut grijă ca familia să rămână o prioritate în tot ce facem...

Prânzurile de Duminica. Vacanţele de familie.

Suntem prezenţi în vieţile fiecăruia prin orice am trece. Pe înălţimi şi prin văi. Zile de naştere, aniversări şi orice fel de celebrare, cât de mică.

Nu suntem perfecţi. Nu ne preface că suntem. Dar suntem binevoitori. Suntem generoşi. Suntem iertători.

Şi suntem o familie.

BINECUVÂNTAŢI PENTRU A FI O BINECUVÂNTARE

Când copiii noştri erau mici, eu şi Susan ne rugam peste ei şi îi ceream lui Dumnezeu „Să fie cap, şi nu coadă. Să fie binecuvântaţi pentru a fi o binecuvântare. Să fie buni şi generoşi" (citeşte Deuteronom 28:13).

Am vrut să îi învăţăm pe copiii noştri să lucreze din greu, aşa încât să aibă resursele necesare pentru a-i ajuta pe alţii. Să trăiască într-un loc al abundenţei şi nu al lipsei.

I-am învăţat să aibă grijă de ceea ce au, aşa încât să poată ajunge să aibă grijă de alţii. Să fie înţelepţi cu resursele lor. Şi să economisească.

Vezi tu, cu cât e mai mare capacitatea, cu atât e mai mare binecuvântarea. O lecție simplă, dar una pe care noi am vrut să o arătăm prin modul în care trăim.

Unul din lucrurile pe care le-am făcut pentru ei și pe care încă îl facem, este că ne deschidem casa pentru oricine.

Prietenii lor au fost mereu bineveniți la noi acasă.

Vrem să facem loc pentru cei în nevoie.

Vrem ca alții să găsească refugiu în casa noastră.

Vrem să trăim o viața de generozitate.

Vrem să îi găzduim pe oameni.

Vrem să îi binecuvântam pe alții.

Și copiii noștri au învățat să facă la fel.

Dumnezeu i-a făcut o promisiune lui Avraam. I-a spus, „Am să rescriu istoria prin copiii copiilor tăi" (Geneza 12).

Dumnezeu va binecuvânta generație după generație de copii ai lui Avraam.

De ce?

Datorită a ceea ce este El. E în natura Lui. Este ceea ce face El.

Și din cauza credinței lui Avraam.

Cred că majoritatea creștinilor trăiesc o viață nesemnificativă. Niciodată nu riscă sau nu au credință pentru o viață mai bună. Niciodată nu speră sau se roagă pentru generații și generații din urmașii lor să Îl cunoască pe Dumnezeu și să se încreadă în El.

Eu obișnuiam să am o credință mică. Credința are legătură cu capacitatea. Are legătură cu cât de mult poți fi de încredere. Cât de mult poți fi binecuvântat.

Eu și Susan am descoperit că Dumnezeu ne testează.

El ne dă puţin şi se uită cum vom folosi ceea ce ne-a dat. Apoi ne dă puţin mai mult.

Şi apoi puţin mai mult.

Înainte să îţi dai seama, El te va binecuvânta mai mult decât te-ai putea gândi sau imagina. El a făcut asta din nou şi din nou în vieţile noastre şi ale copiilor noştri.

De ce?

Pentru că suntem credincioşi.

Pentru că ne încredem în promisiunile Lui. Pentru că suntem complet dedicaţi Lui.

Pentru că trăim cu scop.

Cred că Dumnezeu caută bărbaţi şi femei care sunt gata să facă un pas mic în credinţă.

Oameni care refuză să mai alerge după lucruri uşoare şi satisfacţie imediată.

Care vor renunţa la „a reuşi."

Dar care, în schimb, se încred în Dumnezeul care a făcut totul.

Dumnezeul care vrea să îi binecuvânteze.

El chiar vrea asta.

NICIODATĂ NU E PREA TÂRZIU

Isus spune o poveste in Evanghelii despre un fermier bogat care a avut doi fii (citeşte Luca 15:11-22). Unul dintre fii îşi făcea datoria, era ascultător, mereu disponibil şi îşi ajuta mereu tatăl. Celălalt fiu era un răzvrătit.

Fiul cel mai tânăr a mers la tatăl său şi şi-a cerut partea de moştenire. Tatăl nu s-a certat cu el. I-a dat ce a cerut, iar fiul a plecat fericit. Isus a spus că acest fiu a irosit toți banii cu prostituatele, bând și trăind desfrânat.

Până când a pierdut totul și nu avea unde să meargă decât înapoi acasă.

Așa că s-a întors la tatăl său care l-a văzut venind. Tatăl a făcut ceva neașteptat; l-a primit pe fiul risipitor cu brațele deschise și a dat o petrecere de bun venit.

Fratele mai mare, când a auzit ce se întâmpla, s-a supărat. A refuzat să intre la petrecere, așa că tatăl a trebuit să iasă și să îl asigure că nu și-a pierdut locul în familie.

Ca în majoritatea parabolelor lui Isus, și din aceasta se pot extrage mai multe idei.

Dumnezeu e un tată generos, gata să te binecuvânteze.

Dumnezeu nu are favoriți și e gata să ierte tot ce ai irosit din viața ta.

Lui Dumnezeu Îi pasă de viața ta. Fiul cel mare avea o inimă plină de gelozie. Fiul cel mic avea o inimă rebelă. Dumnezeu se uită după inimi deschise.

Adu-ți aminte: în Kingdom Builders este vorba despre starea inimii.

Este despre predare, umilință, disponibilitatea de a învăța și încredere.

Sunt tatăl a trei fii și trei fiice. Din fericire niciunul dintre ei nu s-a răzvrătit împotriva lui Dumnezeu sau a mea.

Dar, i-aș fi iubit la fel de mult dacă ar fi făcut asta. Și m-aș fi încrezut că se vor întoarce, la fel ca fiul risipitor.

Așa că, dacă citești asta și te gândești că ești prea departe de Dumnezeu ca El să te poată folosi, să știi că greșești.

Dumnezeu se ocupă de restaurări. El va întoarce viața ta înapoi și o va schimba radical. Dar, El așteaptă ca tu să te trezești. Așteaptă să te oprești din a-ți minimaliza valoarea. Așteaptă ca tu să te oprești din a irosi binecuvântările.

Nu trebuie să transmiți mai departe un blestem generațional. Tu poți să îl întrerupi.

Tot ce este nevoie este să faci un pas mic de credință.

Tot ce trebuie este să îți vii în fire, ca fiul risipitor, și să te întorci acasă.

Tatăl tău Cel Ceresc te așteaptă. Se uită după tine. Și e gata să alerge spre tine și să te binecuvânteze.

Și apoi să te facă pe tine o binecuvântare. Întreabă-i numai pe copiii mei.

PASTORUL MEU

Pastorul meu nu este perfect.

De fapt, nu e nici măcar aproape de perfecțiune. În primul rând, el e Kiwi [din Noua Zeelandă]. Nu am nimic împotriva lui pentru asta. Sunt căsătorit cu o Kiwi, așa că, de fapt, mi-e chiar drag de neozeelandezi.

Dar el, cu siguranță, este un vizionar.

Scriptura ne spune în Proverbe 29 că fără viziune, oamenii se pierd (citește versetul 18). Ceea ce mie îmi spune că și opusul este adevărat.

În anii 90, Dumnezeu i-a dat o imagine a viitorului. O viziune.

Mai specific, o biserică locală cu influență globală. O mișcare pentru Cauza lui Cristos pe baza unei mentalități a Împărăției. O rețea de biserici pe tot pământul, aflate în orașe cu influență, având impact în viața a milioane de oameni, pentru Evanghelie.

Ceea ce a început cu o mână de oameni ce se întâlneau în sala de sport a unei școli în suburbiile din Nord-Vestul Sydney-ului, a crescut acum la mai mult de 150.000 de oameni care se închină împreună pe toate continentele. O casă cu mai multe camere.

Biserica Hillsong este o familie globală.

Dar pastorul meu este local. Îi știu numele. El mă cunoaște. Și am încredere în el.

De ce?

Pentru că, așa cum am mai spus, pot să văd roadele vieții și lucrării sale.

Kingdom Builders este o extensie a inimii Pastorilor Brian și Bobbie pentru națiuni. Pentru a vedea biserici apostolice și influente în comunități locale care nu pot fi ignorate din cauza impactului major pe care îl au.

Unul din motivele principale pentru care Hillsong a ajuns la nivel global este faptul că o mână de Kingdom Builders au prins viziunea pastorului meu. Punctul de plecare a fost unul de forță, transformând viziunea în realitate.

Majoritatea pastorilor nu au viziunea pe care Pastorul Brian o are.

Cred cu adevărat că Pastorul Brian este un lider unic. Din cauza inimii sale și a chemării lui Dumnezeu peste viața lui, s-a ridicat acest grup de Kingdom Builders. Succesul meu s-a bazat pe succesul său în toți acești 24 de ani.

Am încredere în el.

Și îi păzesc spatele.

Pastorul Brian nu mi-a cerut mie sau oricărui alt Kingdom Builder ceva ce el nu e gata să facă. Și el este Kingdom Builder încă de la început. Și știu că au fost momente când el a dăruit cel mai mult dintre toți.

El are un suflet generos. Au fost nenumărate momente când a trebuit să mă lupt cu el să plătesc eu nota de plată pentru cină. Iar el plătea din banii lui, nu ai bisericii.

Zicala Pastorului Brian este: „A cheltui este sezonier. Generozitatea este un stil de viață." El și Bobbie chiar trăiesc asta.

CEI INOFENSABILI

Pastorul Brian susține complet Kingdom Builders, dar nu ne tratează diferit. Își face timp pentru noi. Ne onorează.

Avem o ieșire anuală cu Kingdom Builders. Este singura dată când Pastorul Brian spune ceva despre noi ca grup. Petrece un weekend întreg cu noi. Și ne conectăm cu restul campusurilor la programele de serviciu, Duminica.

De obicei el spune câte ceva despre noi, dar nu mare lucru; doar o laudă simplă pentru un grup mic de oameni care cred că scopul lor este să finanțeze Împărăția.

Ceea ce creează puțină curiozitatea pentru restul bisericii.

Vezi tu, noi suntem centrul nucleului.

Suntem grupul care a depășit limitele și a trecut de la a fi implicați la a fi complet dedicați.

Îmi place să numesc acest grup „cei inofensabili."

Indiferent de ce se întâmplă, noi îi păzim spatele Pastorului Brian.

Asta nu înseamnă că îmi place tot ce spune Pastorul Brian. Într-o Duminică a predicat un mesaj intitulat Cât Despre Mine, Eu Și Casa Mea Vom Sluji Domnului. Luam notițe cu Biblia deschisă. Și dintr-o dată el spune întregii congregații, „Vreți să vedeți un exemplu de oameni care fac asta?" Apoi s-a întors și a indicat spre mine și Susan și a continuat, „Andrew şi Susan Denton, de acolo. Priviţi-i doar!" După care a coborât de pe scenă.

Apoi a avut îndrăzneala să îmi trimită un mesaj, „Te-am lăudat puţin în dimineaţa asta."

I-am răspuns, „Lăudat? Tocmai mi-ai tăiat craca de sub picioare, prietene. De acum nu mai pot arăta la nimeni degetul în parcare. Toţi vor fi cu ochii pe mine."

Dar Pastorul Brian ştia deja că eu nu sunt un om ce se lasă ofensat.

Dar ce m-a surprins pe mine a fost să realizez că oamenii deja erau cu ochii pe mine. Voiau să vadă dacă eram chiar aşa cum se zicea despre mine.

Eu şi Susan aşa eram.

Şi indiferent ce urma să vină, ştiam că aveam susţinerea Pastorului Brian.

REGI ŞI PREOŢI

Pastorul Brian iubeşte să îi ajute pe alţii. Adoră să vadă oameni care îşi împlinesc potenţialul. El este dedicat să facă tot ce este necesar pentru a se conecta cu oamenii şi pentru a-i conduce la Isus.

El are credinţă pentru minuni.

El conduce din faţă.

Călătoreşte, predică şi scrie pentru Cauza lui Cristos.

În ziua de azi, rolul său este unul global. Dar misiunea lui nu s-a schimbat în ultimii 37 de ani de când este pastor al Bisericii Hillsong. Şi anume, misiunea lucrării Kingdom Builders.

Din Ucraina în Spania, în America de Nord, în Australia, el susține Cauza lui Cristos. El construiește Împărăția.

Rolul său este să dea viziune. El este un preot. Rolul meu ca Kingdom Builder este să susțin financiar. Să finanțez Împărăția.

Pastorul Brian numește asta „Regi și Preoți."

Rolul preotului în Scriptură a fost să conecteze oamenii cu Dumnezeu. Aceasta este inima Pastorului Brian. Aceasta este chemarea lui. Lucrarea lui.

Rolul meu ca Kingdom Builder este să ajut la finanțarea Împărăției. Să aduc un dar care merge dincolo de obișnuit, așa încât Evanghelia să fie dusă peste tot pământul.

Aceste două roluri lucrează împreună. Viziune și finanțare. O imagine a viitorului și modalitatea de a face acea imagine să devină realitate.

Poate - doar poate - este aceasta și chemarea ta?

Să susții. Să lucrezi din greu. Să dai sacrificând, așa încât viziunea pastorului tău să devină realitate.

Acesta este rolul unui rege – să protejeze și să susțină.

ROLUL PASTORULUI

Acum 16 ani am luat decizia de a angaja oameni mai deștepți decât mine.

Am învățat asta de la Pastorul Brian. El a avut mereu pastori și lideri foarte talentați cu care a lucrat.

Oamenii îl întreabă, „Nu te simți amenințat de ei?" Iar Pastorul Brian le răspunde, „Nu. Este o onoare să am oameni așa inteligenți și creativi cu care să pot lucra.

Din cauza talentelor lor, Biserica Hillsong este capabilă să inoveze, să progreseze și să înflorească. Sincer, ei îmi creează o imagine mai bună. Da, eu sunt cel care conduce, dar fără ei nu aș fi avut suficientă cunoaștere și, ulterior, influență."

Acest stil de conducere necesită încredere.

Necesită smerenie.

Și e nevoie de o capacitate extraordinară pentru a identifica și atrage talentul potrivit. Pentru a-l cultiva. Și pentru a te da la o parte din calea lui.

Cred că motivul pentru care mulți pastori falimentează, este că sunt conduși de eul lor. Au prea multă mândrie. Vor să controleze ei totul.

Acesta nu este tipul de conducător pe care Dumnezeu îl promite în Ieremia capitolul 3.

L-am văzut, de asemenea, pe Pastorul Brian fiind un lider puternic și hotărât. Oamenii nu vor să urmeze un pastor indecis. Ci vor să urmeze un pastor a cărui viziune este clară și de încredere.

Pastorii trebuie să fie persistenți în a vedea valoarea din fiecare om. L-am văzut pe Pastorul Brian făcând asta din nou și din nou, pe parcursul anilor. Și funcționează.

De ce?

Pentru că acesta este modul în care se ridică generația următoare de Regi și Preoți în Biserică.

Pastorii trebuie, de asemenea, să asculte de înțelepciunea colectivă. Aceasta necesită curajul de a cere ajutor. Ei trebuie să aibă o atitudine corectă, recunoscând că nu totul se rezumă la ei înșiși. Ei nu cunosc totul. Și nu au toate răspunsurile.

Îmi amintesc că acum patru sau cinci ani am spus ceva nepotrivit. Iar Pastorul Brian mi-a atras atenția.

El mi-a spus, „Ai o gură cam mare, Denton."

Eu i-am zis, „Da, ai dreptate. Îmi voi cere iertare."

S-a uitat la mine și a spus, „Andrew, știi ce îmi place cel mai mult la tine? Că ești învățabil."

Pastorii trebuie, de asemenea, să persevereze și să știe când trebuie să lupte pentru viitor. Să fie de neoprit. Neobosiți.

Un pastor trebuie să fie capabil să își prioritizeze bunăstarea. Asta ține de disciplină. Și a fi suficient de puternic încât să spună „Nu." Care până la urmă ține de capacitatea de a lua decizii îndrăznețe.

Pastorii trebuie să conducă din față. La fel ca Pastorul Brian, să nu ceară altora ceva ce ei nu sunt dispuși să facă.

Să facă mai mult decât lucrurile pentru care sunt plătiți. Să dăruiască mai mult decât trebuie. Să încerce mai mult decât ar vrea. Să consume mai puțin decât și-ar dori. Să ajute mai mult decât se cere. Și să irosească mai puțin timp.

În sfârșit, cred cu adevărat că pastorii trebuie să fie intuitivi. Trebuie să fie capabili să vadă în profunzime. Iar asta necesită o viață de rugăciune activă și profundă.

Dacă ești pastor și citești aceste rânduri, să știi că oamenii pe care tu îi conduci nu vor merge mai departe decât mergi tu. Turma ta nu ți-o va lua niciodată înainte. Ei nu vor dărui mai mult decât tine. Nu vor sluji mai mult decât tine.

Dacă asta îți dă un sentiment de disperare, e un lucru bun.

Dumnezeu e un Dumnezeu al transformărilor. El promite să ne dea o inimă şi un duh nou. Şi această promisiune ţi se aplică şi ţie.

Ce îmi place la Pastorii Brian şi Bobbie e că ei împlinesc aceste lucruri în vieţile lor.

Viziunea lor pentru Biserica Hillsong îi depăşeşte.

Şi aşa şi trebuie.

Pentru că nu e vorba despre ei. E vorba despre înaintarea Împărăţiei lui Dumnezeu. Cauza lui Cristos să meargă înainte. Şi oamenii lui Dumnezeu să trăiască Evanghelia în poziţii de însemnătate şi influenţă, pe tot globul pământesc.

PROMISIUNEA LUI DUMNEZEU PENTRU VIZIUNE

Luca redă o profeţie din Ioel despre Biserică:

„În zilele de pe urmă, zice Dumnezeu,
    voi turna din Duhul Meu peste orice făptură.
Fiii şi fiicele voastre vor profeţi,
    tinerii voştri vor vedea viziuni,
    iar bătrânii voştri vor visa visuri!
Chiar şi peste slujitorii Mei şi slujitoarele Mele
    voi turna din Duhul Meu în acele zile
    şi vor profeţi.
Voi face minuni sus în cer
    şi semne jos pe pământ,
    sânge, foc şi coloane de fum.
Soarele se va preface în întuneric,
    iar luna în sânge,

înainte să vină ziua cea mare şi glorioasă a Domnului.

Atunci oricine va chema Numele Domnului
va fi mântuit!"

(Fapte 2:17-21)

Dacă biserica ta nu creşte, ţi-aş sugera să îţi verifici inima.

Crezi în promisiunile lui Dumnezeu? Faci paşi în credinţă?

Cât de mare este viziunea ta?

Până la urmă, ai măcar o viziune?

Este viziunea ta prea mica?

Prietenul meu Lee Domingue are o vorbă: "Pastorul stabileşte Viziunea, dar Kingdom Builders determină Viteza."

Viziunea este abilitatea de a vedea viitorul. De a articula ceea ce vezi aşa încât biserica să poată vedea de asemenea. Iar apoi să îi chemi pe oameni să se alăture, să îi echipezi, şi să îi împuterniceşti.

Să nu uiţi lucrul acesta.

Majoritatea bisericilor se blochează pe la 300 de membrii din cauză că pastorilor le este frică să viseze ceva mai mare decât propria lor capacitate. Dacă tu eşti unul dintre ei, să ştii că îţi paralizezi congregaţia cu inabilitatea ta de a creşte.

Dacă nu eşti dispus să creşti spiritual şi să îţi măreşti capacitatea, atunci îţi vei împiedica şi congregaţia să crească. Eu aş spune că le furi oportunitatea. Oportunitatea de a avea ceea ce Dumnezeu vrea pentru vieţile lor şi comunitatea ta.

Influenţa Bisericii Hillsong este mai mare decât am fi putut noi cere, gândi sau imagina, din cauză că Pastorul Brian nu s-a oprit niciodată din a visa. Nu s-a oprit din a crede. Nu s-a oprit din a-şi creşte capacitatea.

Pe parcursul anilor, l-am văzut crescându-şi capacitatea. Şi ca rezultat, acum avem o influenţă globală. O familie globală.

O casă cu mai multe camere.

CONEXIUNILE MELE

———

L-am cunoscut pe Dieter acum şapte ani după ce am vorbit despre Kingdom Builders la biserica lui.

Dieter avea visuri măreţe. Şi îmi aduc aminte că mă gândeam, „Uau. Serios?"

El era complet dedicat. Avea starea inimii corectă.

Dar nu realizase nimic semnificativ încă. La momentul respectiv el încă lucra pentru altcineva.

Nu l-am mai văzut pentru câţiva ani. După patru ani, el era cel mai mare dăruitor din Hillsong Germania. Făcea parte din bordul Compassion Germania. Făcea parte din bordul Vision Rescue Germania.

Şi în tot acest timp de când îl văzusem ultima dată, îşi începuse propria afacere şi câştiga de şapte ori mai mult decât înainte. Nu dublu. De şapte ori.

Viaţa lui a luat o cu totul altă direcţie atunci când şi-a descoperit scopul de a fi Kingdom Builder.

El este un om extraordinar. Cu o poveste măreaţă.

Am cunoscut un alt tânăr în Germania care a condus trei ore pentru a avea o întâlnire de 15 minute cu mine. Ne întâlniserăm cu doi ani în urmă şi îmi amintesc că l-am întrebat, „Ce te aştepţi de la Dumnezeu? Cât de mari sunt visurile tale?"

Iar el mi-a răspuns că ar vrea să lucreze pentru o anumită companie.

Doi ani mai târziu când ne-am revăzut, mi-a spus, „Andrew, rugăciunile mele au fost ascultate. Voi lucra pentru compania aceea. Dar asta nu e tot. Voi fi director. Vorba aia, mai mult decât am cerut, m-am gândit sau mi-am imaginat."

A continuat, „Acum doi ani, doar să lucrez pentru compania asta era mai mult decât aş fi cerut, gândit sau imaginat eu. Dar să încep ca director... e pus şi simplu ridicol."

Apoi e Juan Marcos din Barcelona. Nu era căsătorit când l-am cunoscut. Avea o afacere, dar nu se gândise niciodată că ar putea scrie cecuri de 2.000 de euro.

Astăzi, el e căsătorit cu o tânără rusoaică frumoasă şi scrie cecuri de 20.000 şi 30.0000 de euro. Afacerea lui a trecut la un cu totul alt nivel de când a devenit Kingdom Builder. Acum el îşi cunoaşte scopul.

Acestea sunt doar trei poveşti din sutele despre care aş putea scrie. De aceea nu mă voi opri niciodată din ceea ce fac – să îmi spun povestea mea şi povestea Kingdom Builders. Mă bucur că oamenii se trezesc. Vieţile lor se schimbă. Încep să îşi înţeleagă scopul. Şi văd cum Dumnezeu dă frâu liber vieţilor lor. Văd cum El face cu mult mai mult decât oamenii ar putea cere, s-ar putea gândi sau şi-ar putea imagina. Mă bucur să văd că oamenii se încred în Dumnezeu şi fac paşi în credinţă.

Şi ador să văd pastori care sunt flămânzi. Disperaţi pentru Kingdom Builders.

PARTENERI AI EVANGHELIEI

Astăzi simt greutatea acestui mesaj. Știu ce impact am în bisericile unde vorbesc. Dar știu, de asemenea, că vorbesc unei categorii specifice de oameni. Bărbați și femei ca tine. Care caută ceva mai mult. Ceva semnificativ. Ceva ce merită dedicarea vieții, carierei și chiar și a familiei.

Și știu și că diavolul nu este fericit că eu transmit acest mesaj. Știu că sunt un om marcat. El nu vrea ca oamenii să audă acest mesaj. De aceea mă rog de fiecare dată când trebuie să vorbesc.

Îi cer lui Dumnezeu să deschidă inimile și mințile oamenilor să audă adevărul și puterea acestui mesaj.

Știu că dacă doar o persoană, acel un procent din congregație, prinde acest mesaj, se poate face o mare diferență. Dar cum ar fi dacă jumătate din participanți ar înțelege?

Pentru asta mă rog. Aceștia sunt partenerii pe care îi caut.

Eram în Konstanz, Germania, un mic oraș turistic asemănător cu Queenstown din Noua Zealandă, de unde vine soția mea, și prezentam mesajul Kingdom Builders.

La momentul acela, mi se părea evident că un oraș ca Dusseldorf, fiind mai bine stabilit, cu o populație și influență financiară mai mare, ar fi fost o alegere mai înțeleaptă pentru a-l alege ca centru al bisericii noastre în zonă.

Totuși, în Konstanz am simțit să profețesc peste congregație. M-am rugat, „La fel cum Baulkham Hills, o suburbie mică din Sydney, a deschis drumurile pentru Kingdom Builders, cred că din acest orășel, Konstanz, nu doar că veți finanța Germania, dar și țările din împrejurimi."

O profeție nu ar trebui decât să confirme ceea ce deja

se află în inimile oamenilor.

Pastorii regionali, Friemut şi Joanna Haverkamp, se aflau şi ei acolo şi eu nu ştiam atunci că Dumnezeu le pusese pe inimă să rămână în Konstanz şi să nu se mute în Dusseldorf. Până în acel moment ei nu primiseră o confirmare pentru această dorinţă. Mesajul meu le-a oferit confirmarea pentru ceea ce deja era în inimile lor.

Acest mesaj al lucrării Kingdom Builders este un mesaj al ascultării. Auzi vocea lui Dumnezeu şi trăieşti răspunzând chemării.

Eu trăiesc în ascultare ducând acest mesaj pe tot globul.

Şi am văzut parteneri ai Evangheliei, Kingdom Builders, peste tot pământul, făcând un pas înainte şi devenind complet dedicaţi.

TESTÂNDU-L PE DUMNEZEU

Pe măsură ce călătoresc şi împărtăşesc mesajul finanţării Împărăţiei, sunt întrebat destul de des, fie de soţie sau de soţ, „Cum putem ajunge amândoi pe aceeaşi pagină când vine vorba de dăruire?"

Răspunsul meu vine din Maleahi:

> Aduceţi însă toate zeciuielile în vistierie, ca să fie hrană în Casa Mea. Puneţi-Mă astfel la încercare, zice Domnul Oştirilor, şi veţi vedea dacă nu voi deschide pentru voi stăvilarele cerurilor şi dacă nu voi turna peste voi binecuvântare până nu veţi mai avea loc unde s-o ţineţi!
>
> **(Maleahi 3:10)**

Întreb cuplurile, „L-aţi testat pe Dumnezeu?"

El spune să Îl testăm.

Şi le spun aceeaşi poveste. Eram în biserică într-o Duminică şi m-am uitat în partea opusă a sălii, unde am văzut un tânăr ce venea la biserică de ceva timp. Trecuse prin Colegiul Biblic şi urma să se întoarcă în Europa să înceapă o biserică.

Dumnezeu mi-a pus pe inimă să susţin lucrarea acestui tânăr. I-am spus, „Ok, Doamne. Cât?"

Mi-a spus suma. Boom. Aşa de simplu.

Apoi am zis, „Bine, Doamne. Ştii cum stă treaba. Trebuie să îi spui şi lui Susan. Şi ea trebuie să ştie."

Mă aşteptam să îmi dea un cot în timpul programului, dar nu s-a întâmplat nimic. Serviciul s-a încheiat şi eu încă aşteptam să se întâmple ceva.

Am ieşit şi ne îndreptam spre parcare.

Nimic.

Am intrat în maşină şi eram gata să pornesc motorul când Susan a zis, „Cred că Dumnezeu îmi spune că ar trebui să susţinem lucrarea lui Stuart."

La care eu, „Serios? Cât?"

Susan mi-a spus exact aceeaşi sumă pe care mi-o spusese şi mie Dumnezeu. Am plâns, pentru că aşa sunt eu, sensibil.

Am fost ascultători şi am făcut ceea ce Dumnezeu ne-a cerut.

A venit la noi la cină într-o Duminică. Pe când să plece i-am dat o felicitare cu banii înăuntru. El habar nu avea ce era în plic.

Asta a avut un mare impact asupra lui Stuart.

Atât de mult încât câteva luni mai târziu am primit o scrisoare de la bunicii lui, mulțumindu-ne pentru ceea ce a însemnat darul nostru în viața lui și a lucrării pe care a început-o.

Am spus povestea asta peste tot pe unde am călătorit. Asta le spun celor care mă întreabă cum pot ajunge amândoi pe aceeași pagină și să fie uniți.

În primul rând, ca soț, am avut antena spirituală setată pe frecvența lui Dumnezeu. Și L-am auzit când mi-a vorbit.

În al doilea rând, L-am testat pe Dumnezeu. „Desigur, Doamne. Dar Tu trebuie să îi spui și lui Susan.”

În al treilea rând, și ea avea antena spirituală pe aceeași frecvență, așa că L-a auzit pe Dumnezeu.

În al patrulea rând, am fost ascultători și chiar am făcut ce ne-a cerut Dumnezeu. Ca rezultat, un om și lucrarea lui au fost binecuvântați.

Cu câțiva ani în urmă, vorbeam în Europa. Stuart m-a sunat și m-a întrebat dacă ar putea să vină să mă audă vorbind. I-am spus, „Desigur că da.” Apoi m-am gândit, „Trebuie să găsesc o altă poveste.”

Așa că m-am rugat, „Doamne, ajută-mă să descopăr ce ar trebui să împărtășesc.”

Dumnezeu mi-a răspuns direct, „De ce? Care e problema cu povestea asta?”

„Stuart va fi acolo, Doamne. Nu va fi puțin ciudat?”

Dumnezeu a zis, „Ai încredere în Mine, sau nu?”

Așa că mi-am prezentat mesajul și, desigur, cineva m-a întrebat despre cum pot deveni cuplurile unite când vine vorba de dăruire. Stăteam chiar în fața lui Stuart. Am spus povestea lui. Pe la jumătate, el se gândea, „Vorbește despre mine. Vorbește despre mine.”

Când am ajuns la partea despre bunicii lui care ne-au scris, el auzea acest lucru pentru prima dată. Nu știa că ei făcuseră asta.

După întâlnire, m-a luat la o parte și mi-a spus, „Andrew, nici nu știi ce mult a însemnat asta pentru mine. Banii pe care tu și Susan mi i-ați dat au fost exact suma de care am avut nevoie pentru a-mi pune viața în ordine și pentru a începe lucrarea.”

A fost posibil datorită ascultării și unității. Am fost pe aceeași pagină spiritual. Ambii suntem parteneri ai Evangheliei.

UCENICUL MEU

Am călătorit peste tot în lume, spunându-mi povestea, susținând biserica locală și dezvoltând chemarea aceasta de a finanța Împărăția. Iar ce este remarcabil, e că în fiecare biserică am găsit oameni ca mine și Susan care așteaptă să audă acest mesaj simplu.

Din nou și din nou, am văzut viitori Kingdom Builders care se auto-nominează. Ei ridică mâna și spun „Și eu vreau să fac parte din asta.”

Unul din oamenii aceștia pe care l-am menționat deja în cartea aceasta, este Henry Brandt. El este credinciosul din Stockholm care m-a invitat la cină împreună cu soția sa. Ei postiseră și se rugaseră pentru lansarea Kingdom Builders, iar Dumnezeu le pusese Matei 6:33 pe inimă, pentru a medita asupra acestui verset și pentru a se ruga.

Când m-am ridicat să vorbesc, o ușă s-a deschis în inimile lor. Dumnezeu le confirma prin mine, chemarea de a fi Kingdom Builders.

De atunci, Henry a călătorit cu mine peste tot în America și Europa. Mi-a purtat bagajele, m-a ascultat vorbind și m-a asistat în sute de întâlniri unu-la-unu.

Ce îmi place la Henry este că el e învățabil. Nu pot număra de câte ori mi-a auzit povestea, dar îl văd de fiecare data luând notițe pe telefon.

Cred cu adevărat că Dumnezeu cheamă și alți Henry Brandt. Bărbați și femei care Îl pun pe Dumnezeu pe primul loc în fiecare domeniu al vieții lor. Oameni care depășesc limitele. Care umblă aproape de Dumnezeu în fiecare zi.

Henry mă consideră cel mai bun prieten al său. Eu Îl numesc fratele meu în Cristos care înțelege despre ce e vorba.

El este un exemplu pentru biserica sa din Stockholm. Și din cauză că el înțelege, și alții ajung să înțeleagă. Și acesta este unul din motivele pentru care Kingdom Builders Stockholm crește mult mai repede decât orice alt loc din lume.

Îl consider pe Henry ucenicul meu. Dar adevărul este că Dumnezeu ridică și cheamă bărbați și femei din întreaga lume să susțină Cauza lui Cristos în Biserica locală.

Cred că sunt oameni ca și Henry peste tot.

Astăzi aud despre bărbați și femei care încep să fie provocați nu doar să devină Kingdom Builders în dăruirile lor, dar, ca și mine, să crească următoarea generație de Kingdom Builders pe tot pământul.

O SCRISOARE DESCHISĂ PENTRU PASTORII DE PRETUTINDENI

Dragă Pastore,

Biserica ta așteaptă să faci lucrarea de căutare a sufletelor, dăruire a vieții și zguduire a pământului, la care ai fost chemat.

Oamenii tăi sunt nerăbdători să susțină o viziune pe măsura puterii lui Dumnezeu, care să înainteze Împărăția mai mult decât ai cerut tu, te-ai gândit sau ți-ai imaginat vreodată.

O mână dintre ei anticipează cu nerăbdare și se roagă pentru oportunitatea de a crește, de a fi provocați, chemați și mobilizați să dăruiască, să meargă, să se roage și să conducă.

Da. Ochii lor sunt ațintiți asupra ta. Se uită să vadă dacă ești cine spui că ești. Și dacă vei face ceea ce te-a chemat Dumnezeu să faci. Vor să știe dacă ești autentic. Vor să vadă ce vei face prima dată. Dacă vei fi...

Primul să slujești.

Primul să dăruiești.

Primul să visezi.

Primul să te rogi.

Primul să mergi.

Ei au credință și vor să fie complet dedicați. Chiar vor asta.

Dar așteaptă.

Da. Așteaptă să fie provocați de o viziune pe măsura puterii lui Dumnezeu care scoate la iveală ce e mai bun în ei și ceea ce ei cred că e posibil. Vor să fie chemați la o viață antrenantă. Viața Împărăției.

Stilul de viață despre care au citit în Scriptură.

Stilul de viață despre care tu predici în fiecare Duminică.

Viața din plin pe care Dumnezeu o promite mereu și mereu în Scripturi.

Dar au nevoie ca tu să le prezinți direcția spre care Dumnezeu cheamă biserica ta.

Cum arată pentru tine o comunitate de credincioși complet dedicați. Cum arată viziunea aceea îndrăzneață și imensă care te sperie.

O știi. Viziunea pentru care ți-ai predat viața și la care ai fost chemat să fii parte. Viziunea aceea pe măsura puterii lui Dumnezeu, care depășește visurile și aspirațiile tale. Cea care necesită intervenția lui Dumnezeu și un spectacol din partea Lui. Viziunea aceea de care până acum ți-a fost frică să vorbești.

O viziune mică nu va fi nimănui de ajutor. Mai ales bisericii tale. Inabilitatea ta de a visa îi face pe alții să trăiască limitat. Ei merg pe vârfuri pe lângă adevăr din cauză că tu faci asta.

Nu lăsa ca eul tău să stea în cale.

Nu lăsa ca lipsa ta de credință să te paralizeze.

Nu lăsa ca nimic, mic sau mare, să te oprească.

Fă orice este nevoie să faci ca să Îl auzi pe Dumnezeu. Să visezi împreună cu El. Să vezi potențialul pe care El îl vede. Să captivezi inimile oamenilor pe care Dumnezeu ți-a încredințat ca să ai grijă de ei.

Nu da înapoi.

Nu te limita.

Nu mai irosi nici o Duminică. Nici o altă predică. Nici un alt moment.

Pune-te pe genunchi. Deschide-ți inima. Și cere imposibilul.

Apoi transmite oamenilor ceea ce Dumnezeu ți-a vorbit. Pune viziunea în cuvinte. Scoate la iveală ce e mai bun din oameni. Și invită-i să transformați împreună această viziune în realitate.

Oamenii tăi așteaptă. Dumnezeu așteaptă.

Și, adânc, în inima ta, și tu aștepți. Acum este timpul.

Nu mai pierde vremea și începe să crezi.

Ai fost chemat să faci mult mai mult. Să construiești Împărăția. Și să ridici Kingdom Builders.

Cu stimă,

Andrew & Susan Denton

—————

PRACTICA

CREDINȚA SE SCRIE
R I S C

Pe parcursul anilor, am învățat că credința se scrie RISC. Și când spun risc, mă refer la risc luat cu înțelepciune. Riscurile care au sens. Nu cele nesăbuite.

În ebraică, cuvântul pentru înțelepciune înseamnă „o viața trăită cu pricepere."

Așa că, atunci când riști nu ar trebui să o faci prostește. Ci ar trebui să îți folosești capul. Să urmezi inima lui Dumnezeu. Și să faci pași în credință. Dar pași care au sens. Pași în credință care te duc în afara zonei tale de confort. Pași în credință nu doar când vine vorba de finanțe, ci în fiecare domeniu al vieții tale.

Autorul cărții Evrei, vorbește despre risc și a face pași în credință:

> Și fără credință este imposibil să-I fim plăcuți, pentru că oricine se apropie de El trebuie să creadă că El există și că îi răsplătește pe cei ce-L caută.

(Evrei 11:6)

Frica şi credinţa sunt aceeaşi emoţie. Şi modul în care te raportezi la Dumnezeu spune mult despre ce anume crezi despre El.

Crezi tu cu adevărat că Lui Îi pasă de tine?

Crezi tu cu adevărat că El vrea ce e mai bun pentru tine?

Crezi tu cu adevărat că El îţi va răspunde?

Crezi tu cu adevărat că promisiunile Lui sunt pentru tine?

Dacă răspunsul este da, atunci vei fi dispus că faci paşi în credinţă.

Ce mi-am dat eu seama este că nu poţi avea credinţă dacă eşti fricos. Nu cred că poţi şi să ai puţină frică şi să fii credincios. Acel puţin te face un fricos.

La fel este valabil şi când vine vorba de doar puţină credinţă. Nu poţi şi să ai un pic de credinţă şi să fii fricos. Aceste două emoţii nu pot co-exista.

Trebuie să iei o decizie.

Şi nu este una uşoară. Dar trebuie să alegi.

Poţi să fii temător atunci când diavolul şi viaţa aruncă lucrurile grele în calea ta, dar trebuie să ai credinţă.

De fiecare dată când mă întâlnesc cu cupluri după o întâlnire Kingdom Builders, îi întreb aceeaşi întrebare la sfârşitul conversaţiei noastre, „Am să vă mai văd şi altădată?”

Răspunsul lor îmi comunică dacă ei sunt temători sau plini de credinţă.

Crede-mă, m-am aflat şi eu în situaţia aceea.

Vorbeam „creştineşte” cu cei mai credincioşi dintre oameni. Dar credinţa mea avea mereu câteva planuri de rezervă.

Am ajuns să înţeleg că credinţa adevărată se încrede cu

adevărat în Dumnezeu. Dacă Dumnezeu nu ar interveni, atunci eu aş avea cu adevărat probleme.

Pentru mine, primul pas în credinţă a fost să renunţ la cea de-a treia afacere. Astfel, mergeam cu o tremie mai puţin la lucru şi petreceam mai mult timp cu familia. M-am încrezut în Dumnezeu că El avea să binecuvânteze această decizie. Şi El chiar a făcut asta.

Nu ştiu care este primul tău pas în credinţă, dar ştiu că trebuie să îl faci.

ADEVĂRATUL RISC

Adevăratul risc este să treci prin viaţă şi să rămâi mereu în zona de siguranţă.

Eu încerc să trăiesc aceste vorbe în fiecare zi. Ştiu suficient de multe la momentul actual pentru a trăi în siguranţă. Am experimentat intervenţiile lui Dumnezeu din nou şi din nou şi din nou. Ştiu cât este de credincios. Dar ştiu, de asemenea, prea multe pentru a trăi fiecare zi făcând doar surf şi jucându-mă cu nepoţii. Ştiu prea multe pentru a fi aşa de egoist.

De aceea eu şi Susan încă ne asumăm riscuri în fiecare zi. Încă slujim. Încă trăim vieţi de generozitate. Încă scriem cecuri. Şi încă mergem peste tot în lume pentru a împărtăşi mesajul despre finanţarea Împărăţiei.

Nu pot să rămân în zona de confort.

Nu mă mai stresez pentru nimic.

Încă fac paşi în credinţă. Eu şi Susan stăm pregătiţi pentru ceea ce vrea Dumnezeu să facă. Nu ne este frică, nu suntem îngrijoraţi.

Ştiu ce trebuie să fac. Îmi respect priorităţile. Rezolv lucrurile pe loc. Am învăţat să fiu eficient.

Dacă vei risca cu adevărat, trebuie să fii eficient.

Eu m-am trezit devreme toată viaţa mea. Am învăţat să fiu intenţional în ceea ce fac. Întotdeauna pun stăpânire pe întreaga zi încă dinainte de micul dejun.

De ce?

Pentru a fi liber să înaintez Împărăţia. Să călătoresc în lume şi să duc mesajul acesta.

Cred că Dumnezeu te cheamă şi pe tine să îţi asumi riscuri. Şi, dacă eşti sincer, şi tu îţi doreşti asta. Vrei să faci paşi în credinţă. Îţi doreşti viaţa aceea din plin pe care Dumnezeu o promite în Scriptură.

Când am devenit Kingdom Builder, am încetat să mai fac doar lucrurile care erau sigure. Am încetat să lucrez, să gândesc şi să trăiesc pe baza unei mentalităţi a lipsurilor. Am început, în schimb, să îmi asum riscuri înţelepte.

Când privesc înapoi la călătoria mea de credinţă şi la riscurile pe care mi le-am asumat, pot să văd clar cum Dumnezeu mă aştepta.

Când am decis să îmi închei cariera de instalator, am ieşit cu adevărat din jocul acesta al autonomiei. Oricât de mult mi-a plăcut să fiu meseriaş, am ştiut că trebuia să fac un pas în credinţă spre o altă carieră – una la care Dumnezeu mă chema.

Pe o perioadă de şase ani, Dumnezeu a binecuvântat faptul că am renunţat la toate planurile de rezervă. Că nu mi-am lăsat o cale de întoarcere. Că am fost complet dedicat Lui.

Astăzi am o încredere dumnezeiască.

El nu a intervenit de fiecare dată când am vrut eu, dar întotdeauna a venit la timp.

Și încă un lucru. Eu încă fac o grămadă de greșeli prostești, dar atunci când risc, o fac în modul potrivit. Fac pași în credință crezând că El va interveni.

Cu cât îmbătrânesc, cu atât mai mult realizez cât de puțin știu, dar datorită încrederii dumnezeiești pe care o am, nu mă îngrijorez. Doar mă încred..

ÎNCEPE CU PUȚIN

Matei ne spune o poveste în Evanghelia sa, despre unul din miracolele lui Isus:

Când au ajuns la mulțime, un om a venit la El, a îngenuncheat înaintea Lui

și I-a zis:

— Doamne, ai milă de fiul meu, căci este epileptic și suferă cumplit! El cade adesea în foc și cade adesea în apă! L-am adus la ucenicii Tăi, dar n-au putut să-l vindece.

Isus a răspuns:

— O, generație necredincioasă și pervertită! Până când voi mai fi cu voi? Până când vă voi mai răbda? Aduceți-l aici la Mine!

Isus a certat demonul și acesta a ieșit afară din el. Și copilul a fost vindecat chiar în ceasul acela.

Atunci ucenicii au venit doar ei la Isus și L-au întrebat:

— Noi de ce n-am putut să-l scoatem?

El le-a răspuns:

– Din pricina puținei voastre credințe! Adevărat vă spun că, dacă ați avea credință cât un bob de muștar, ați zice acestui munte: „Mută-te de aici, acolo!", iar el s-ar muta! Nimic nu v-ar fi imposibil! (Dar acest soi de demoni nu iese afară decât cu rugăciune și post.)

(Matei 17:14-20)

Adevăratul miracol este credința. Ai observat ce a spus Dumnezeu despre credință?

Dacă ai avea și doar puțină credință, ai putea face imposibilul.

Oamenii vin și mă întreabă adesea, „Cum pot ajunge să scriu cecuri de 1.000.000 de dolari?"

Și știi ce le răspund? „Începe prima dată cu 5.000 de dolari."

Pe parcursul anilor am cunoscut mulți oameni care cred că atunci când vor fi promovați sau afacerea lor va ajunge la un anumit nivel, ei vor putea deveni Kingdom Builders. Dar chiar și atunci când ajung unde vor, tot nu devin Kingdom Builders, din cauză că acum câștigă mai mult.

Mulți oameni pe care îi întâlnesc spun, „Nu îmi permit să îmi dau zeciuiala."

Eu le spun, „Cred că, de fapt, nu îți permiți să nu îți dai zeciuiala. Dacă nu poți fi de încredere având puțin, nu vei fi de încredere nici având mult."

Dacă nu îți dai zeciuiala când câștigi 100 de dolari pe zi, atunci cum vei putea face asta când câștigi 1.000 de dolari pe zi? Totul se rezumă la frică şi credinţă. Şi dacă te încrezi cu adevărat în Dumnezeu sau nu.

Dacă nu poţi fi generos când ai puţin, nu vei fi niciodată generos când vei avea mult. Îţi va fi prea greu. Pur şi simplu, prea greu.

Trebuie să ai maturitate. Şi să creşti. Şi trebuie să începi acum, cu ce ai.

Nu ştiu ce anume reprezintă imposibilul în viaţa ta. Nu ştiu cu ce draci te lupţi. Dar eu cred ce Isus a spus în pasajul de mai sus. Dacă ai şi numai puţină credinţă, poţi să realizezi orice.

Nu ştiu care este pasul tău în credinţă, dar Dumnezeu ştie. Cel mai bun sfat pe care ţi-l pot da este să foloseşti ce ai în mână. Şi fă un pas în credinţă.

Un om m-a sunat odată şi m-a întrebat, „Andrew, putem să ieşim la o cafea?”

Am spus, „Sigur.” El era constructor şi mă gândeam că avem multe în comun.

Ne-am întâlnit şi timp de 10 minute mi-a pus întrebări despre lucruri de bază în construcţii. Aşa ca i-am spus, „Frate, tu ar trebui să ştii deja toate lucrurile astea, fiind constructor.”

El mi-a spus, „Nu am pregătire în construcţii. Am studiat IT.”

Aşa că l-am întrebat, „Atunci ce faci cu o companie de construcţii?”

Mi-a răspuns, „Păi, am observat că constructorii fac mulţi bani, aşa că am cumpărat o companie de construcţii.”

Am zis, „Prietene, am observat şi eu mulţi IT-işti, dar nu m-am dus să îmi cumpăr o firmă de calculatoare. Pot să fac un grătar, dar nu mă duc să îmi cumpăr o măcelărie. Frate, ce faci?"

A ajuns la faliment. Iarba vecinului părea mai verde. Și el s-a gândit să facă ce făceau alţii. A luat o decizie greşită. Şi-a asumat un risc prost.

Dumnezeu ne-a dat fiecăruia daruri. Aşa că nu încerca să faci ce fac alţii. Fă ceea ce ştii. Continuă să faci paşi în credinţă.

Foloseşte ce ai în mână.

Trebuie să lucrezi cu ce ai.

Romani 8:28 spune:

> Noi ştim că toate lucrează împreună spre binele celor ce-L iubesc pe Dumnezeu, al celor ce sunt chemaţi în conformitate cu planul Său.

Întreabă-te: trăieşti cu scop? Faci ceea ce ai fost chemat să faci? Trebui să iubeşti ceea ce trebuie să faci.

Eu lucrez în construcţii. Îmi place să construiesc lucruri. Îmi place să văd cum o idee devine ceva tangibil. Cu asta mă ocup eu.

Eu nu schiţez proiectul, pentru că nu sunt creativ. Dar dacă îmi dai un plan, pot să construiesc orice.

Ce daruri ai tu?

Ce paşi mici poţi să faci?

Cum te încrezi tu în Dumnezeu cu ce ai acum? Acestea sunt întrebări importante. Întrebări legate de credinţă. Legate de viaţă.

Ţine minte, nu există un „pas greşit."

Majoritatea oamenilor aşteaptă pentru momentul perfect. Poate şi tu ţi-ai spus, „Nu e timpul potrivit."

Știi ce am descoperit? Nu există „timpul potrivit" sau „timpul nepotrivit." Tu fă pași oricum.

Am așteptat de multe ori, și a fost decizia greșită. Vezi tu, dacă Dumnezeu e în spatele unui lucru, El îl va face să funcționeze. El poate face ca lucrurile să meargă mai repede atunci când e nevoie. Și poate, de asemenea, să le încetinească dacă trebuie.

El este Dumnezeu.

El este în control.

El îți ține spatele.

Te așteaptă să faci pași mici în credință și să te încrezi în El în ce privește darurile și resursele pe care ți le-a dăruit.

Ce mai aștepți?

SUB ATAC? PE DRUMUL CEL BUN

Un lucru de care poți fi sigur e că atunci când începi să faci pași în credință vei fi atacat. E un lucru bun, pentru că îți confirmă că mergi în direcția cea bună.

Diavolul nu vrea ca tu să avansezi Împărăția.

Diavolul nu vrea ca tu să fii complet dedicat lui Dumnezeu.

Diavolul nu vrea ca tu să îți asumi riscuri.

Diavolul vrea să te simți confortabil și satisfăcut.

Așa că atunci când faci pași în credință, îți pui o țintă pe spate. Eu și Susan am experimentat asta. Am trecut prin atacuri personale, fizice și relaționale.

Când vrei crede că diavolul nu poate face nimic

împotriva ta, chiar atunci el te va ataca.

În decurs de 18 luni am trecut prin patru accidente. Ultimul aproape m-a omorât. După ce am avut coaste, degete şi încheieturi rupte şi un ligament fisurat, am înţeles că diavolul era pe urmele mele.

Îmi aduc aminte că mă gândeam, „ce mai urmează? Cu ce o să mai vină împotriva mea?"

Ştiam că mergeam în direcţia potrivită. Şi că diavolul încerca să mă omoare.

Trebuie să îţi fie clar că diavolul urăşte când tu eşti credincios şi va face orice este necesar să te facă să te îndoieşti de credinţa ta, de chemarea de a finanţa Împărăţia şi de orice promisiune de-a lui Dumnezeu.

Scriptura ne spune că diavolul caută „să fure, să înjunghie şi să distrugă" (citeşte Ioan 10:10).

Când te oferi să slujeşti, garantat vei avea parte de dureri şi încercări.

Dar, poţi şi să fii sigur că Dumnezeu e credincios în împlinirea promisiunilor Sale.

1 Petru 5:8-11 vorbeşte despre atacuri şi ceea ce face Dumnezeu:

> Fiţi treji! Vegheaţi! Duşmanul vostru, diavolul, dă târcoale ca un leu care rage, căutând pe cineva să înghită. Împotriviţi-vă lui fermi în credinţă, ştiind că fraţii voştri din toată lumea trec prin aceleaşi suferinţe! După ce veţi fi suferit pentru puţin timp, Dumnezeul oricărui har, Care v-a chemat la slava Lui veşnică, în Cristos, vă va echipa El Însuşi, vă va întări, vă va da putere şi vă va face de neclintit. A Lui să fie puterea, în veci! Amin.

Efeseni 6:11–17 ne învață cum să luptăm împotriva diavolului când suntem atacați:

> Îmbrăcați toată armura pe care v-o dă Dumnezeu, ca să puteți rezista uneltirilor diavolului. Căci noi nu luptăm împotriva cărnii și a sângelui, ci împotriva stăpânirilor, a autorităților și a puterilor acestui veac întunecat, împotriva duhurilor rele din locurile cerești. De aceea, luați toată armura lui Dumnezeu, ca să puteți rezista în ziua cea rea și, după ce ați făcut totul, să rămâneți în picioare. Așadar, țineți-vă tari, având mijlocul încins cu adevărul, fiind îmbrăcați cu platoșa dreptății și încălțați cu râvna Evangheliei păcii. Pe lângă acestea, luați scutul credinței cu care veți stinge toate săgețile aprinse ale celui rău. Luați și coiful mântuirii și sabia Duhului, care este Cuvântul lui Dumnezeu.

Adevăr. Neprihănire. Evanghelia păcii. Credință. Și Duhul Sfânt.

Acestea sunt armele tale.

Ce este adevărul? Este o Persoană. Numele Lui este Isus. Și adevărul se găsește în Scriptură, care este Cuvântul lui Dumnezeu.

Ce înseamnă neprihănirea? Înseamnă a trăi drept. Înseamnă a umbla cu Dumnezeu și a fi o persoană integră.

Ce este Evanghelia păcii? Este vestea bună a Împărăției. Este promisiunea că Dumnezeu te întregește și te sfințește.

Ce înseamnă credința? Se scrie RISC. Înseamnă a trăi cu Dumnezeu indiferent de situație și a te încrede în promisiunile Lui.

Şi, în final, Duhul Sfânt locuieşte în fiecare copil al lui Dumnezeu. El te învaţă, te conduce şi te protejează de diavol.

Voi încheia cu cuvintele lui Isus:

> Isus le-a răspuns:
>
> – Acum credeţi? Iată că vine ceasul, şi a şi venit, să fiţi risipiţi fiecare la ale lui, iar pe Mine să Mă lăsaţi singur. Şi totuşi nu sunt singur, pentru că Tatăl este cu Mine. V-am spus aceste lucruri ca să aveţi pace în Mine. În lume veţi avea necazuri; dar curaj, Eu am învins lumea!
>
> **(Ioan 16:31-33)**

Cât de încurajator e acest verset! Da, vom avea necazuri, dar poţi să fii sigur că Isus a biruit lumea.

CONSTRUIND ÎN TIMPURI NESIGURE

———

Anul acesta sărbătorim Ziua Mamei într-un mod diferit. În timp ce scriu această carte, guvernul statului New South Wales din Australia pune în aplicare restricții ca răspuns la pandemia COVID-19.

Totul se poate schimba în mod dramatic, într-un timp foarte scurt.

Am trecut de la a trăi „normal" la a avea voie să primim doar doi vizitatori, pe lângă familia apropiată. Distanțarea socială și dezinfectatul mâinilor sunt obligatorii acum.

Cafenelele și restaurantele sunt închise. Modul în care ne facem cumpărăturile s-a schimbat. Acum am nevoie de un permis pentru a putea zbura în alte state din Australia. Dacă compania mea de construcții nu era considerată muncă esențială, nu aș fi avut voie să zbor deloc.

Programele de biserică sunt diferite, de asemenea. Nu ne mai putem întâlni fizic, așa că trebuie să ne asigurăm că ceea ce oferim online împlinește nevoile congregației noastre și nu numai.

Viaţa se întâmplă pe Zoom, prin apeluri telefonice şi FaceTime.

În Februarie 2020, vizitam Biserica Hillsong din Danemarca. Câteva săptămâni mai târziu eram în Norvegia şi graniţele lor s-au închis la o zi după ce am plecat de acolo!

Toată lumea simte impactul semnificativ al restricţiilor. Nu e vorba doar de zona mea mică din Sydney, sau a ta, oriunde te-ai afla.

Această criză a schimbat lumea întreagă, deodată.

Să accepţi lipsa de control necesită asumarea unui mare risc. Dacă devenim anxioşi, îngrijoraţi şi neliniştiţi (toate aceste cuvinte sunt doar un alt mod de a vorbi despre frică), atunci diavolul a reuşit deja să ne învingă.

Nu fi fricos, ci credincios!

Suntem înconjuraţi de teamă din toate părţile. Frica de „ce ar putea fi" îi face pe oameni să se grăbească şi să ia decizii neînţelepte. Noi trebuie să ne zidim viaţa pe promisiunile lui Dumnezeu, nu pe predicţiile nesigure ale lumii.

Dumnezeu a ştiut de pandemia aceasta înainte să auzim noi prima dată de ea. El are deja toate răspunsurile. Cele mai bune strategii.

Este posibil să rămânem complet dedicaţi atunci când circumstanţele noastre ne-ar împinge spre a ne retrage.

DUMNEZEU ÎNTOTDEUNA INTERVINE

Cu toţii ne dorim să vedem minuni, dar nu vrem să ne găsim în situaţiile disperate care cer minuni. Dar imaginează-ți-L pe Dumnezeu folosind chiar și pandemia COVID-19 pentru a rezolva probleme din viața ta personală, afacerea și finanțele tale.

Asta se întâmplă când Dumnezeu intervine într-o criză; El ne dă soluții mult mai bune decât ne-am imaginat noi vreodată. Ce e cel mai minunat, e că deja în acest sezon aud povești extraordinare de la Kingdom Builders care anul acesta vor fi capabili să dăruiască mult mai mult decât și-au propus și au putut în trecut.

Un prieten de la grupa mea celulă ne-a povestit recent că ultimele 18 luni au fost cele mai grele din toți cei 20 de ani de când și-a deschis afacerea. Îți poți imagina cum s-a simțit când a auzit de restricțiile din timpul pandemiei.

Totuși, afacerea lui a trecut prin cea mai bună lună Aprilie dintotdeauna. De fapt, luna Aprilie a anului 2020 a fost cea mai bună din ultimele 12 luni.

> Isus a răspuns:
> – Adevărat vă spun că nu este nimeni care să-și fi lăsat casă, sau frați, sau surori, sau mamă, sau tată, sau copii sau ogorul de dragul Meu și de dragul Evangheliei și care să nu primească de o sută de ori mai mult acum, în vremea aceasta, case, frați, surori, mame, copii și ogoare, împreună cu persecuții, iar în veacul care vine – viață veșnică. Dar mulți din cei dintâi vor fi cei din urmă, iar cei din urmă vor fi cei dintâi.
>
> **(Marcu 10:29-31)**

Simți că faci sacrificii foarte mari? Încercările vor veni, dar povestea ta nu se încheie aici. Întrebarea este: te pui pe tine pe primul loc sau Îl pui pe Dumnezeu?

În timpuri nesigure, trebuie să ne aducem aminte că nu se rezumă totul la bani; ci este vorba de starea inimii. Capacitatea noastră (cât putem dărui) de a fi generoşi s-ar putea să se schimbe pe timpul unei crize, dar convingerile noastre (valorile şi principiile universale) privind generozitatea rămân la fel.

Cunosc un om de afaceri. Numele lui este Sam. Într-o clipă, munca lui de 10 săptămâni a fost pusă pe pauză din cauza pandemiei COVID-19.

Sam mi-a spus că a simţit clar cum Dumnezeu îl călăuzea: „Sam, vom trece împreună prin acest sezon." El a acţionat în acord cu acest cuvânt. A decis să ofere servicii gratis, în timp ce îşi plătea lucrătorii care erau acasă şi nu puteau munci.

Nu voi uita niciodată momentul când l-am sunat să îi ofer o lucrare ce trebuia făcută la mine acasă.

„Da, pot să vin, dar doar dacă pot să o fac pe gratis."

„Ce vrei să spui? Nu mă aştept să îmi faci lucrarea pe gratis, Sam. Îmi permit să te plătesc şi vreau să fac asta."

„Ah, ştiu că îţi permiţi să mă plăteşti, Andrew. Dar nu e vorba despre asta. Vreau ca asta să fie ca o sămânţă pe care o plantez."

Am rămas uimit. Un om ce nu mai avea prea multe, încă era dispus să planteze seminţe ale generozităţii în aceste timpuri nesigure, având încredere că Dumnezeu va aduce o recoltă bogată în viitor.

Unul dă cu mână largă şi obţine mai mult,
iar altul, care este zgârcit, sărăceşte.

(Proverbe 11:24)

Sam a experimentat promisiunea acestui verset. În timp ce se întorcea de la mine, a primit un apel neașteptat. O ofertă de a face o lucrare mare, ce necesita angajarea a 15 oameni. Munca trebuia să înceapă în două zile.

Dumnezeu întotdeauna intervine în perioade de criză. Sam a trebuit să planteze întâi. Apoi generozitatea lui s-a transformat într-o recoltă de oportunități miraculoase.

O ECONOMIE DIFERITĂ

„E cu 25% mai mult decât prețul normal!"

Înainte de restricții, aveam o bucată de pământ pe care nici cum nu reușeam să o vând. Eram nerăbdător să scap de ea.

Pierdeam bani cu proprietatea asta, dar nu se întrevedea nicio soluție.

Situații de genul acesta m-ar putea face temător, dar, sincer, eu dorm foarte bine noaptea. Știu că Dumnezeu e în control. Aceasta nu e aroganță din partea mea, ci încrederea dumnezeiască despre care am scris mai devreme.

Lucrurile care cauzează stres pentru oricine altcineva nu ar trebui să facă asta pentru tine, pentru că noi trăim într-o altă economie.

Să revenim la bucata de pământ: în timp ce scriu aceste rânduri, am doi potențiali cumpărători care încearcă să îmi ofere fiecare un preț mai mare. Exact cum ai citit. Iar acest lucru se întâmplă într-un sezon nesigur la nivel global. Ca rezultat, probabil voi primi pe pământul acesta cu un sfert mai mult decât prețul inițial.

Nu îți spun lucrurile acestea pentru a mă mândri, ci pentru a-ți arăta că Dumnezeu e capabil să folosească orice circumstanță pentru binele nostru. Iar atunci când binecuvântarea vine, ea vine. Nu va exista nicio îndoială că acolo a fost mâna lui Dumnezeu la lucru.

O încredere dumnezeiască deschide drumuri pentru miracole. Mă aștept ca încercările să vină, dar am și o încredere absolută că Dumnezeu va purta de grijă pe măsură ce eu iau decizii înțelepte și declar promisiunile Lui.

Noi chiar avem un avantaj, pentru că putem cere favoarea lui Dumnezeu și favoare în fața oamenilor. Chiar și în fața celor mai neașteptați oameni.

> Omul bun lasă moștenire nepoților săi,
>   dar bogățiile păcătosului sunt păstrate pentru
>   cel drept.

(Proverbe 13:22)

Pentru lumea întreagă ar putea fi întuneric și osândă, dar noi vom experimenta binecuvântări cum nu am mai văzut, în mijlocul și datorită acestei crize fără precedent.

În final, vom privi înapoi și vom realiza că am fost poziționați exact unde trebuie.

TIMPUL ESTE UN ÎNVĂȚĂTOR ȘI CRIZA DEZVĂLUIE

Barba mea argintie indică două lucruri: am trăit deja pentru o vreme îndelungată și încă sunt în viață pentru a scrie despre asta.

Timpul m-a învățat că nu pot face lucrurile de unul singur. Am nevoie de Dumnezeu. E extraordinar să ajungi la momentul acesta. Viața trăită în acest mod e mult mai bună.

Eu și Susan reflectam recent asupra unei alte crize prin care am trecut în urmă cu un deceniu. Criza financiară din anii 2007-2008. Ne-a lovit din plin. Îmi aduc aminte că un an mai târziu, mă așezam pe genunchi și strigam către Dumnezeu să ne ajute.

El chiar ne-a ajutat, dar nu în felul în care ne așteptaserăm noi. Nu au căzut bani din cer (deși ar fi fost extraordinar). În schimb, El a folosit acea criză pentru a ne pregăti pentru cele viitoare.

Nu am învățat mare lucru în timpurile bune. În acele sezoane toți suntem genii. Dar în timpurile grele, când plătim un preț personal, atunci învățăm lecțiile.

În prima criză am reușit să identificăm slăbiciuni în planul nostru de afaceri și să implementăm schimbări care ne-au fost de mare ajutor și ne-au protejat în criza curentă. De fapt, chiar în aceste timpuri reușim să creștem puternic și să înaintăm.

A fost ușor în anul 2008? Nu! S-au schimbat lucrurile peste noapte? Desigur că nu. Dar Dumnezeu este credincios. Ce îți descoperă momentul de față? Ce lucruri îi vei permite timpului să te învețe?

A învăța să dăruiești și a continua să o faci în timpurile dificile te învață să gestionezi mai bine timpurile de prosperitate și binecuvântările viitoare.

Există o cauză și un efect pentru tot ceea ce facem. Când alegem să ne încredem, să ascultăm și să facem paşi în credinţă, viziunea se poate transforma în realitate chiar şi pe timp de criză.

Poate îţi este greu să citeşti asta, dar caracterul tău, motivaţiile tale şi modul în care funcţionezi sunt destăinuite pe timp de criză.

O criză dezvăluie persoana care erai încă dinainte de ea. Dacă ai fost neînţelept înainte de criză, când vremurile grele vin, probabil abilităţile şi capacităţile tale pentru a face faţă vor fi limitate. Totuşi, dacă ţi-ai condus afacerea şi finanţele într-un mod înţelept, atunci când o criză loveşte, vei fi pregătit mult mai bine pentru a rezolva ce va veni în calea ta.

Totul se rezumă la cele patru principii pe ce le-am menţionat mai devreme. Este vorba despre a trăi o viaţă disciplinată.

> Cine ia seama la disciplinare este pe calea către viaţă,
> dar cine ignoră corectarea se rătăceşte.

(Proverbe 10:17)

Am trei valori absolute în viaţa mea, indiferent de sezon:

În primul rând, citesc Biblia în fiecare zi. Nu subestima ce putere este în a citi Biblia. Citeşte-o cu aşteptarea că Dumnezeu îţi va vorbi în fiecare zi.

Eu refuz să o las jos până când El nu îmi vorbeşte şi îmi dă cuvântul zilnic. Îmi trăiesc viaţa în aşa fel încât fac paşi în credinţă, şi diavolul mă atacă, aşa că am nevoie ca Dumnezeu să îmi vorbească prin Cuvântul Său în fiecare zi.

Sufletul meu are nevoie de hrană la fel ca şi corpul meu! Da, avem nevoie şi de alte resurse, cum ar fi cărţi, cursuri, podcasturi şi predici, dar baza trebuie să fie Biblia.

Când Dumnezeu îmi vorbeşte printr-un verset, împărtăşesc asta şi cu alţii. Întâi îl transmit familiei pe grupul de WhatsApp şi apoi şi altora. Am făcut asta de ceva timp şi mulţi l-au numit „Versetul Zilnic al lui Denton."

În al doilea rând, mă rog cu Susan în fiecare zi. Ador să mă rog cu soţia mea. Mulţi oameni căsătoriţi îşi trăiesc viaţa singuri. Diavolul vrea să distrugă căsnicii pentru că el înţelege puterea acestui legământ.

Dacă nu eşti căsătorit, roagă-te în fiecare zi cu alte două persoane cărora tu le dai voie să adreseze diverse subiecte în viaţa ta.

Fii gata să dai socoteală şi fii transparent. Împărtăşeşte ce este în inima ta. Purtaţi conversaţii deschise şi rugaţi-vă. Duhul Sfânt poate aduce la iveală probleme pentru care apoi vă veţi putea ruga unul pentru celălalt, dar numai prin comunicare onestă.

Întotdeauna ne vom confrunta cu provocări ca şi Kingdom Builders. Diavolul urăşte viaţa noastră de credinţă. Dar rugăciunea pune un zid de protecţie în jurul tău.

În al treilea rând, reflectez, zilnic, asupra visurilor şi obiectivelor mele. Şi pot să fac asta pentru că le-am scris pe hârtie!

> Domnul mi-a răspuns, zicându-mi:
> – Scrie viziunea,
>   graveaz-o clar pe tăbliţe,
>   pentru ca un herald să poată alerga cu ea!

(Habacuc 2:2)

Am stabilit obiective pentru fiecare domeniu al vieții mele: lucrare, afacere, familie, căsnicie, sănătate și finanțe. Trebuie să ai o viziune clară și visuri de care să te poți ține pe timpul de criză. Ele te vor preveni din a trăi doar ca să supraviețuiești.

Dacă nu îți scrii pe hârtie obiectivele, nu vei face lucrurile ce trebuie făcute pentru a duce o viață sănătoasă și roditoare.

Timpul ne-a învățat și perioadele de criză au dezvăluit următorul lucru: în a fi Kingdom Builders nu este vorba doar despre a construi ceva extern pentru Dumnezeu. Ci este vorba și despre a-L lăsa pe Dumnezeu să construiască lucruri interioare, în sufletele noastre.

Sănătatea noastră este vitală. Sănătatea fizică, mentală, emoțională și spirituală. Ce trebuie să faci pentru a deveni mai sănătos?

> Preaiubitule, mă rog să-ți meargă bine în toate și să fii sănătos, așa cum îi merge bine sufletului tău.
>
> **(3 Ioan 1:2)**

Poate că nu mai am păr în cap, dar am ales să îmi păstrez sufletul tânăr! Aceasta este o alegere.

LASĂ-L PE ISUS SĂ CONDUCĂ ȘI ADOPTĂ VIAȚA DUMNEZEIASCĂ

„Andrew, ai vreun sfat pentru acei Kingdom Builders care nu se află într-un loc bun chiar acum?" O întrebare vulnerabilă şi onestă adresată de o tânără nu cu mult timp în urmă.

Am folosit pasajul acesta pentru a o încuraja:

> Apoi a chemat mulţimea şi pe ucenicii Săi şi le-a zis: „Dacă vrea cineva să vină după Mine, să se lepede de sine, să-şi ia crucea şi să Mă urmeze! Căci oricine vrea să-şi salveze viaţa, o va pierde, dar cel ce-şi pierde viaţa pentru Mine şi pentru Evanghelie, o va salva. Şi la ce i-ar folosi unui om să câştige întreaga lume, dacă şi-ar pierde sufletul? Sau ce va da un om în schimbul sufletului său?
>
> **(Marcu 8:34-37)**

Isus ne invită să Îl lăsăm pe El să ne conducă. Aceasta necesită umilinţă şi ascultare.

Caută înţelepciunea, cere ajutor, începe disciplinele zilnice. Înghite-ţi mândria şi pocăieşte-te; întoarce-te înapoi. Nu e niciodată prea târziu să revii pe calea cea bună.

Mă bucur că slujim un Dumnezeu al harului. Întotdeauna va fi de lucru pentru a îndrepta consecinţele neascultării, dar totuşi poţi să te întorci pe calea cea bună.

Au fost multe momente în viaţa mea când a trebuit să îmi recunosc greşelile şi să Îi cer Domnului să îmi conducă El viaţa. Iar apoi a trebuit să încep să trăiesc în ascultare; fie că văd rezultatele ascultării mele aici, sau în veşnicie. Nu ne pocăim şi ascultăm doar ca să fim binecuvântaţi; ci facem aceste lucruri pentru a avea o relaţie personală cu Isus.

Te voi încuraja cu aceste cuvinte: întoarce-te la Dumnezeu cât mai repede. Întotdeauna este speranţă pe timp de criză. Încă putem ieşi roditori din vremurile grele, chiar dacă am luat câteva decizii neînţelepte.

Pune-ţi viaţa în ordine. Cu toţii ştim ce trebuie să facem, doar că nu o facem! Cel mai important lucru este să realizezi ce se întâmplă; să identifici problema, să te pocăieşti de ea, să înveţi din această greşeală şi să continui să înaintezi, urmându-L pe Isus.

Acesta este punctul principal al mântuirii: noi nu putem face nimic prin propriile noastre puteri. Avem nevoie de un Mântuitor, Isus Cristos.

> Isus a răspuns:
> — Aveţi credinţă în Dumnezeu! Adevărat vă spun că dacă cineva ar zice acestui munte: „Ridică-te şi aruncă-te în mare!" şi nu s-ar îndoi în inima lui, ci ar crede că ceea ce spune se va întâmpla, i se va da întocmai! De aceea vă spun că toate lucrurile pe care le cereţi atunci când vă rugaţi, să credeţi că le-aţi şi primit şi ele vi se vor da. Şi când staţi în picioare rugându-vă, să iertaţi dacă aveţi ceva împotriva cuiva, pentru ca şi Tatăl vostru Care este în ceruri să vă ierte vouă greşelile.
>
> **(Marcu 11:22-25)**

Adoptă viaţa dumnezeiască. Dacă îţi pui viaţa în ordine, făcând paşi în credinţă şi încrezându-te în El, El îţi va purta de grijă. Vei ajunge să poţi construi în orice vreme, chiar şi timpurile nesigure.

URMEAZĂ ZILE EXTRAORDINARE

Această criză COVID-19 și orice altă criză îi poate face pe Kingdom Builders mai strategici, intenționali și eficienți. Eu, de exemplu, acum folosesc tehnologia ca să fac lucruri pe care le-aș fi putut face și înainte, dar înainte nu era necesar.

Clădirile nu definesc parametrii bisericilor noastre. Acest sezon nesigur ne-a arătat că acum avem capacitatea, prin tehnologie, să ducem mesajul Evangheliei și uceniciei la mult mai mulți oameni. Avem abilitatea de a-i ajuta pe mult mai mulți. Oamenii sunt mai receptivi la Evanghelie.

Acesta este timpul să semănăm! Nu ne putem întâlni în clădiri, dar există o nevoie financiară care este direct legată de inovațiile descoperite în timp de criză.

Atunci când scopul nostru este centrat pe Împărăție, iar ochii și urechile spirituale sunt conectate cu Duhul Sfânt, oportunitatea de a fi o binecuvântare va apărea.

Nu suntem chemați să dăruim doar pe timpuri de siguranță. Suntem chemați să construim și în vremuri nesigure.

Această situație este o oportunitate pentru Kingdom Builders să fie generoși – nu să se retragă!

E TIMPUL
SĂ CONSTRUIM

Ai citit până aici şi poate acum te întrebi ce ai putea face mai departe.

Scopul meu când am scris această carte a fost să transmit mesajul a ce înseamnă să finanţezi Împărăţia.

Rugăciunea mea este ca această carte să ajungă la toate bisericile din jurul lumii, mici şi mari.

Dacă şi tu eşti laic, ca mine, ar trebui să mergi direct la pastorul tău şi să îi spui că eşti complet dedicat. Că de acum îi vei păzi spatele. Şi că te vei dedica să dăruieşti mai mult decât zeciuielile şi dărniciile normale.

Dacă eşti pastor, ar trebui să îi inviţi pe oamenii din biserica ta să fie parte din viziunea pe care Dumnezeu ţi-a pus-o pe inimă. Nu fă discriminări. Şi roagă-L pe Dumnezeu să ridice un Kingdom Builder care pe urmă să ajungă să îi inspire şi pe alţii.

Amândurora vă spun, „Robinetul e deschis la maxim. Dumnezeu aşteaptă ca voi să începeţi să credeţi. Să faceţi primul pas în credinţă.”

Pastore, tu eşti chemat să fii preot şi să oferi viziune. Iar tu, membru al bisericii, eşti un rege chemat să oferi susţinere financiară.

Lucrând împreună puteţi înainta Împărăţia în colţul vostru de lume.

Puteţi ridica o armată de Kingdom Builders care să fie

complet dedicați lui Dumnezeu și lucrării.

Puteți fi un exemplu prin a fi lideri slujitori. Prin a face pași în credință.

Și cred că primul pas pe care îl puteți face e să adunați pe oricine puteți din congregația voastră și să împărtășiți cu ei acest mesaj simplu.

Vă garantez că veți fi surprinși de cei care vor veni.

Probabil nu vor veni cei care vă așteptați. Și asta e un lucru bun. Pentru că Dumnezeu e un Dumnezeu ce ne surprinde prin faptul că se folosește de cei mai mici și neînsemnați pentru a înainta Împărăția Sa. Aduceți-vă aminte: eu și Susan nu eram milionari când am scris primul nostru cec. Așa că nu descalificați pe nimeni.

Nu îi descalificați pe meseriași.

Nici pe părintele singur.

Pe nimeni.

Faceți primul pas în credință, adunați-i pe oameni și împărtășiți viziunea și dedicarea voastră de a ridica bărbați și femei care să zidească Împărăția.

Vă încurajez să vă întâlniți în privat cu persoanele care au participat la evenimentul Kingdom Builders. Aflați ce a rezonat cu ei și apoi provocați-i să facă primul pas.

De obicei eu adresez prima întrebare în cadrul întâlnirilor unu-la-unu. Am inclus câteva exemple de întrebări la finalul acestei cărți pentru a te ajuta să începi.

Adevărații Kingdom Builders se vor auto-identifica. Se vor oferi singuri să facă parte din asta. Vă vor căuta ei înșiși. Așa că fiți pregătiți.

Slujba voastră e să îi adunați pe oameni. Apoi să împărtășiți cu ei viziunea și experiența voastră personală despre dărnicie.

Dumnezeu va face restul.

Puteți să Îl testați în privința asta, să vedeți că El este credincios în împlinirea promisiunilor. Veți vedea cum va deschide porțile cerului și va revărsa atât de multă binecuvântare încât va da peste.

L-am văzut făcând asta pe tot pământul în ultimii 24 de ani ai călătoriei mele de Kingdom Builder.

Așa că nu am niciun motiv de îndoială că El va rămâne credincios promisiunilor Sale.

Întrebarea este, vei face primul pas?

Pentru că Dumnezeu te așteaptă.

KINGDOM BUILDERS CHECKLIST

☐ Are pastorul o viziune?

☐ Ai identificat un Kingdom Builder care și-ar putea împărtăși povestea?

☐ Ai stabilit o dată pentru lansare?

☐ Ai făcut suficientă reclamă evenimentului în fața celor interesați?

☐ Ai stabilit ședințe de 30 de minute pentru întâlnirile unu-la-unu cu participanții?

☐ Ai pregătit bilețele pe care oamenii să poată scrie suma pe care vor să o strângă și să o dăruiască?

☐ Ai stabilit un weekend când să îi onorezi pe Kingdom Builders și să investești în ei?

☐ Ai dat această carte și altor 10 persoane (centrul nucleului) din congregația ta și i-ai chemat la rugăciune pentru eveniment?

☐ Te-ai hotărât tu, personal, să dăruiești peste zeciuielile și dărniciile normale?

EXEMPLU DE ÎNTREBĂRI PENTRU ÎNTÂLNIRILE UNU-LA-UNU

1. Ce a rezonat cel mai mult cu tine la evenimentul Kingdom Builders?

2. Eşti pe aceeaşi pagină din punct de vedere spiritual, cu soţul (logodnicul) tău/soţia (logodnica) ta? (dacă este cazul)

3. Ce te opreşte din a fi complet dedicat lui Dumnezeu?

4. Trăieşti o viaţă de teamă sau de credinţă? De ce?

5. La ce te aştepţi de la Dumnezeu în urma acestei întâlniri?

6. Te rogi zilnic cu soţul/soţia?

7. Dacă eşti necăsătorit(ă), ai două persoane credincioase cu care te rogi în fiecare zi?

8. Ţi-ai scris pe hârtie visurile şi obiectivele pentru viaţa ta?

9. Citeşti din Biblie în fiecare zi?

MULȚUMIRI

Domnului și Mântuitorului meu, Isus Cristos – principalul Ziditor al Bisericii și al vieții mele. Le mulțumesc Pastorilor Brian și Bobbie Houston pentru conducerea lor care m-a împuternicit și mi-a dat ocazia să îmi descopăr și să îmi împlinesc scopul. Mulțumiri lui Steve Knox pentru că m-a ajutat să scriu mesajul vieții mele. Celina Mina—mulțumesc că ai făcut această carte să devină realitate. Mulțumesc, Karalee Fielding, pentru feedback și direcție. Tim Whincop—călăuzirea ta în ce ține de detalii a fost neprețuită-mulțumesc prietene. Îți sunt recunoscător Nathan Eshman pentru abilitățile tale în producerea variantei audio a acestei cărți. Tony Irving—mulțumesc pentru talentul tău fotografic care mi-a pus fața pe copertă. Mulțumesc, Mike Murphy, pentru că m-ai împins de la spate să scriu despre călătoria mea și mesajul Kingdom Builders. Și nu în ultimul rând, familiei mele și prietenilor care m-au încurajat pe parcursul acestei călătorii. Vă sunt recunoscător.

DESPRE AUTOR

Andrew Denton este om de afaceri de succes şi prezbiter în Biserica Hillsong. El a călătorit în lumea întreagă, împărtăşind un mesaj simplu: inspirând pastorii şi congregaţiile lor să trăiască viaţa la un alt nivel şi să finanţeze Împărăţia. Împreună cu soţia sa, Susan, au crescut trei copii minunaţi, temători de Dumnezeu. În copilărie îşi dorea să fie un surfer de profesie şi să călătorească în toată lumea; Dumnezeu a răspuns uneia dintre acele două rugăciuni. Atunci când Andrew nu face ciclism, când nu trimite liderilor de pe toată planeta Versetul Zilnic al lui Denton sau nu îşi bea cafeaua, îl poţi găsi acasă, în Australia, petrecând timp cu nepoţii. Abordarea lui relaţională, onestă şi directă în ce priveşte lucrarea şi viaţa este inspiratoare. Discursurile lui au influenţat mii de credincioşi din toată lumea. Şi din această cauză, adevărurile regăsite în această carte te vor provoca să devii şi tu un Kingdom Builder şi vor schimba pentru totdeauna modul în care Îl slujeşti pe Dumnezeu.

www.ingramcontent.com/pod-product-compliance
Lightning Source LLC
LaVergne TN
LVHW021122080426
835513LV00011B/1192